DIE WELT DES ISLAM

Ein Lesebuch mit Beiträgen von
Jan Pohl, Sigismund von Gleich, F. Herbert Hillringhaus,
Hans Mändl, Berthold Wulf, Karl Heyer, Fred Poeppig,
Hildegard Gerbert, Berthin Montifroy, Fritz Meyer, Heinz Kloss
und Volker Dauner

mit einer Bibliographie zum Thema,
herausgegeben von Jan Pohl

W0069928

Verlag am Goetheanum

2. Auflage 1991

Einbandgestaltung: Doris Nixdorff

© Copyright 1989 by Philosophisch-Anthroposophischer Verlag
am Goetheanum, CH-4143 Dornach (für diese Zusammenstellung).
Alle Rechte vorbehalten.

Gesamtherstellung: Greiser Druck, D-7550 Rastatt

ISBN 3-7235-0548-1

Inhalt

Vorwort des Herausgebers

Ein Lesebuch – was ist das? Ein Buch zum Hineinblättern, zum Hineinlesen, zum Auswählen eines Aufsatzes, den man auf sich wirken lassen will.

Das Lesebuch vereinigt Stimmen, die sich in vielem ergänzen, in manchem sich auch mal widersprechen oder aber wiederholen dürfen.

Dieses Lesebuch enthält Beiträge, die zu ganz verschiedenen Zeiten aus ganz verschiedenen Anlässen geschrieben wurden. Die Autoren schauen aus den verschiedensten Blickwinkeln auf das gleiche Objekt – auf die islamische Welt. Bei aller Verschiedenheit der Blickrichtungen, der Interessengebiete, haben sie aber eines gemeinsam: Es sind Anthroposophen, es sind geisteswissenschaftlich orientierte Persönlichkeiten, die zu Worte kommen.

Das Ziel des Lesebuchs ist es nicht, Belehrungen über ein aktuelles Thema zu erteilen. Der Herausgeber wollte etwas anderes erreichen.

Es gibt gelegentlich Filme, die ein und dieselbe Geschichte mehrmals abrollen lassen, jedesmal so, wie sie von einem der Beteiligten erlebt wird. Es ist überraschend, wie verschieden und doch berechtigt die gleichen Ereignisse in ein Umfeld eingebettet sein können.

Das Lesebuch soll dazu anregen, diesen oder jenen Beitrag zu lesen und nachzuspüren, wie weit man mit der Blickrichtung des Autors einverstanden sein kann, wo man ihm widersprechen muß. Identifikation und Abstandnehmen, dieses immer vorhandene Wechselspiel zwischen Leser und Autor möchte auch hier, am Thema Islam, zu einer spielerischen Übung im Dienste der Selbstschulung werden.

Jan Pohl

Die Welt des Islam

Einleitung

Wir alle beziehen einen Teil unserer Informationen aus den Massenmedien. Achten wir darauf, was über die islamische Welt berichtet wird, so entdecken wir hinter einer scheinbar schillernden Vielfalt sehr bald eine öde Einförmigkeit. Schauplätze von Kämpfen, Parteien und Gegner scheinen sich zu ändern wie im Kaleidoskop. Verbündete von gestern fallen übereinander her und werden von früheren Feinden beschützt. Die Berichterstattung beschränkt sich auf die flüchtige Beschreibung blutiger Ereignisse, der Anzahl der Opfer. Hintergründe, Ursachen, Beweggründe werden nicht ausgeleuchtet. Zurück bleibt ein vager Eindruck von Grausamkeit und Sinnlosigkeit.

Hunderttausende zwölf- bis zwanzigjähriger Perser starben zwischen 1980 und 1987 im irakisch-iranischen Krieg. Unzählige von ihnen haben sich freiwillig gemeldet, um, schlecht bewaffnet und unausgebildet, an die Front geschickt zu werden. Ein sechzehnjähriger Perser in irakischer Gefangenschaft sagte einem Journalisten, er betrachte es als persönliches Unglück, nicht wie so viele durch Heldentod direkt in das Paradies gelangt zu sein. Haben wir es mit Abermillionen Todessüchtigen zu tun? Was treibt diese Leute? Was hat dieser Sechzehnjährige in seinem kurzen Leben gelernt? Diesen Fragen wollen wir nachgehen. Um die Situation über die Schlagzeilen hinaus zu erfassen, müssen wir uns mit der Geschichte des Islam beschäftigen. Wir tun es in zwei Richtungen, exoterisch und esoterisch.

Mohammed, der Gründer des Islam, wurde um das Jahr 570 n. Chr. in Mekka geboren. Er hat seine Eltern früh verloren und wurde von seinem Onkel aufgezogen. Er stammte aus einem verarmten Zweig einer alteingesessenen Mekkaner Familie. Als Kind war er Hirte und trat dann in die Dienste einer reichen Kaufmannswitwe, Khadidscha, die er schließlich heiratete.* Schon als angesehener Kaufmann erlebte er seine ersten Schauungen. Er sah den Erzengel Gabriel, der ihn belehrte. Den Inhalt, ja den von ihm empfangenen Wortlaut dieser Belehrungen zeichneten die ersten Gläubigen auf und legten ihn zwanzig Jahre nach Mohammeds Tode fest als heiliges Buch, als Koran – zu deutsch Rezitation, nämlich Rezitation der göttlichen Durchsagen.

Allah, etymologisch eine Zusammenziehung von «al illah», der arabischen Entsprechung von «eloh(a)», der Einzahl von «elohim», Allah, der einzige Gott, der neben sich keine anderen Götter duldet, ließ ihn in das himmlische Buch blicken und beauftragte ihn durch Gabriel, die Botschaft als göttliches Wort, als ewige Wahrheit, den Menschen zu bringen. Im Islam ist das Wort nicht Fleisch, sondern Buch geworden – sagt Hendrik Kraemer, der Autor von «Die christliche Botschaft in einer nichtchristlichen Welt».

Mohammed nannte sich den Gesandten Gottes, den letzten Propheten. Das von ihm Gebrachte und Dargelebte soll das Verhalten in der religiösen, in der privaten und in der staatlichen Sphäre möglichst lückenlos regeln. Dabei gibt es Obligatorisches, Empfohlenes, Toleriertes und Verbotenes. Was es kaum gibt, ist der Freiheit des Menschen Überlassenes. Die Gesinnung, in der

---

* Dieser Beitrag entspricht einem Vortrag, den der Herausgeber 1988 im Goetheanum gehalten hat.

der Koran entgegenzunehmen ist, heißt Islam, zu deutsch Unterwerfung. Diejenigen aber, die diese Gesinnung haben, sind Muslim, zu deutsch Gottergebene. Derjenige, der den bekannten Glaubenssatz: «Allah ist Gott und Mohammed sein Prophet» vor Zeugen als seine Überzeugung ausspricht, gehört unwiderruflich zu den Muslim. An dieser Stelle muß erwähnt werden, daß die Bezeichnung Mohammedaner von den Muslim als herabsetzend empfunden wird, etwa so, wie wenn man Anthroposophen Steinerianer nennen würde, denn im Zentrum des Islam steht keineswegs Mohammed, der Gesandte, sondern Allah selbst.

Nach seinen ersten Verkündigungen wollten nur wenige Menschen in Mekka dem Propheten folgen, doch in einer Nachbarstadt, Yadhrib, die später den Namen «Stadt des Propheten», kurz Medina, erhielt, waren die Umstände so chaotisch, daß man einen charismatischen Führer suchte. Im Jahre 622 verließ Mohammed Mekka und ging nach Medina, wo er Macht erhielt. Dieser Zeitpunkt ist der Ausgangspunkt der islamischen Zeitrechnung, denn von nun an ging es aufwärts. Mohammed konnte durch geschickte Politik die internen Konflikte schlichten, ließ bald die Karawanen aus Mekka überfallen und wehrte die Rachefeldzüge mit Allahs Hilfe ab. So fanden es die Mekkaner nach sieben bis acht Jahren vernünftiger, sich ebenfalls zu den Lehren Mohammeds zu bekennen und ihre Stadt zum zentralen Wallfahrtsort des neuen Glaubens ausrufen zu lassen.

Bekenntnis zum Islam oder Tributzahlung – vor diese Alternative stellte der Prophet die Bewohner der arabischen Halbinsel. Den meisten fiel das Bekenntnis zum Islam leicht, so wuchs der Herrschaftsbereich des Propheten rasch. Als Mohammed im Jahre 632 für viele überraschend starb, stand schon ein Heer bereit zum Aufbruch in Regionen, die nicht mehr zur arabischen Halbinsel gehörten.

Die wahre, menschheitsgeschichtliche Bedeutung des Auftretens von Mohammed wird von Rudolf Steiner in den beiden Dornacher Vorträgen vom 11. und 12. Oktober 1918 beleuchtet. Diese beiden Vorträge, die ich nun zusammenfassend referieren werde, sind in dem Band «Die Polarität von Dauer und Entwicklung im Menschenleben», Bibl.-Nr. 184, abgedruckt. Die Ausführungen betreffen die Bedeutung des Jahres 666 nach Christi Geburt.

Der vierte nachatlantische Zeitraum, die griechisch-lateinische Epoche, erstreckt sich von 747 vor Beginn unserer Zeitrechnung bis 1413 nach Christi Geburt. Die Mitte dieses Zeitraumes, die der Höhepunkt einer ungestörten Entwicklung der Verstandes- und Gemütsseele gewesen wäre, liegt im Jahre 333 nach Christi Geburt. Nun aber sind die Strömungen der Menschheitsentwicklung, der Hauptstrom und die luziferischen und ahrimanischen Nebenströmungen, für den Weisen damals schon lange sichtbar, auf einen wichtigen Knotenpunkt der Menschheitsentwicklung zugesteuert, der um das Jahr 666 lag. Und das Ereignis, das mit dieser Zahl verbunden ist, hätte als Spiegelung um das Jahr 333 in gewisser Hinsicht ein Gegenteil des Mysteriums von Golgatha dargestellt.

Nichts, was im Kosmos geschieht, kann geschehen, ohne im Sinne eines Prinzips der spirituellen Ökonomie potentiell mit Entgegengesetztem verknüpft zu sein. Hat das Ereignis von Golgatha die weitere Entwicklung der Menschheit gesichert, so trat im Gegenpunkt, im Jahre 666, die Möglichkeit einer Blockierung dieser Entwicklung auf. All die seelisch-geistigen Errungenschaften, die der Mensch damals in der Verstandes- oder Gemütsseelenepoche noch nicht hatte, ja auch heute noch nicht hat, sondern erst erringen wird mit der vollen Entwicklung der Bewußtseinsseele, hätte er im Jahre 666 verfrüht bekommen können. Bei einer großen Anzahl von Menschen hätte die Vermischung der Verstandes- oder Gemütsseele mit der Bewußtseinsseele gelingen können. Die Menschheit wäre geradezu über-schwemmt worden mit einem Erkennen und mit einer Kultur, die erst im 3. Jahrtausend bei normaler Entwicklung erreicht werden.

Danach hätte der Mensch bei dieser zu früh erhaltenen Be-wußtseinsseele in der Entwicklung stehenbleiben müssen, denn die so erhaltene Bewußtseinsseele hätte die Keime des Fortschrei-tens zu den höheren Wesensgliedern, zum Geistselbst, Lebens-geist und zum Geistesmenschen, nicht enthalten, eine Jupiter-, Venus- und Vulkanentwicklung wäre so nicht möglich gewesen. Der Mensch wäre ein für allemal auf die Erde gefesselt.

Nun hat aber das Ereignis von Golgatha vorgesorgt, daß die Menschheit eine Gegenkraft habe, dieser Gefahr zu begegnen.

Auch die äußere Geschichte enthält Ereignisse, die das Zusteu-ern auf das Jahr 666 anzeigen. Kaiser Justinianus verbot im Jahre 529 die griechischen Philosophenschulen, auch aus Edessa in Syrien werden die Philosophen vertrieben. Sie treffen sich in Persien und gründen die Akademie von Gondishapur. Hier braut sich eine Unsumme von Weisheit zusammen, mit der die unreife Menschheit hätte überschüttet werden können. «Die Ansätze waren dazu auch gemacht. Aber es wurde abgestumpft dasjenige, was von Gondishapur ausgehen sollte, gewissermaßen zurückge-halten von retardierenden geistigen Kräften, die doch zusam-menhingen, wenn sie auch wiederum eine Art von Gegensatz bilden mit dem, was durch den Christus-Impuls beeinflußt war. Es wurde abgestumpft dasjenige, was von Gondishapur ausgehen sollte, zunächst durch das Auftreten *Mohammeds*. Indem Mo-hammed eine phantastische Religionslehre verbreitete, vor allen Dingen über diejenigen Gegenden, über die man verbreiten wollte die gnostische Weisheit von Gondishapur, nahm er sozu-sagen dieser gnostischen Weisheit von Gondishapur das Feld weg. Er schöpfte sozusagen den Rahm weg, und dann segelte dasjenige nach, was von Gondishapur kam, und konnte nun nicht durch dasjenige durch, was Mohammed getan hatte. Das ist gewissermaßen die Weisheit in der Weltgeschichte; man kennt auch den Mohammedanismus erst richtig, wenn man zu den anderen Dingen noch weiß, daß der Mohammedanismus dazu bestimmt war, die gnostische Weisheit von Gondishapur abzustumpfen, ihr die eigentliche, stark ahrimanisch versucherische Kraft, die sie auf die Menschheit sonst ausgeübt hätte, zu nehmen.» (Rudolf Steiner, a.a.O.)

Die ersten Kalifen

Und so traf Mohammeds Lehre auf ein enormes Kräftereservoir, auf eine ungeheure Kraftzusammenballung, die aufgebaut wurde von geistigen Mächten und bereitstand, den Impuls von Gondishapur in der Welt durchzusetzen und so die Entwicklung der Menschheit ganz in Ahrimans Bahnen zu lenken. Diese Zusammenballung der Kräfte ermöglichte nun, nach dem Tode Mohammeds, die weitere explosionsartige Ausbreitung des Islam.

Die äußere Geschichtsschreibung registriert die erstaunlichen militärischen Erfolge der Reiterheere, die unter Mohammeds Nachfolgern Abu Bakr, Omar und Othman von der arabischen Halbinsel ausschwärmten. Sie besetzten das gesamte mesopotamische Tiefland und auch das iranische Hochland. Nach Westen eroberten sie ganz Ägypten. Als vierter Kalif – zu deutsch Nachfolger – kam Ali, ein Vetter, Adoptivsohn und (als Gatte der Prophetentochter Fatima) auch Schwiegersohn von Mohammed, zur Herrschaft. Doch die Nachfolge war stark umstritten. Die ersten Kalifen kamen aus der Reihe der frühesten Anhänger Mohammeds, von dem Kreis, der ihm noch vor seiner Übersiedlung nach Medina in Mekka nahestand. Abu Bakr, Omar und Othman waren Mitglieder der mächtigsten, reichsten Sippe von Mekka, und Othmans Vetter Muawiya, der Statthalter von Syrien, widersetzte sich dem Kalifat Alis, indem er diese Würde für sich selbst in Anspruch nahm. Ali wollte nach dem Vorbild

Mohammeds auf die Religion zurückgreifen, um politische Schwierigkeiten aus dem Weg zu räumen. Er wollte nicht nur weltlicher «Führer der Gläubigen» sein – ein Titel, den sich Omar und Othman zugelegt hatten –, er wollte vielmehr als Imam, zu deutsch Wegweiser, als geistlicher Führer, anerkannt werden. Eine wesentliche Rolle in der Auseinandersetzung spielten die ersten islamischen Fundamentalisten, die Kharidschiten, die nur denjenigen als rechtmäßigen Leiter des Gottesstaates anerkennen wollten, der einen frommen und heiligen Lebenswandel führt. Sie unterstützten zunächst Ali gegen Muawiya, doch fielen sie dann von ihm ab, als er die Streitigkeit durch ein weltliches Schiedsgericht aus der Welt schaffen wollte. Sie wollten ein Gottesurteil sehen, und als Muawiya sich auf dem Schlachtfeld als der Stärkere erwies, halfen sie das Urteil zu vollstrecken, indem einer von ihnen Ali ermordete.

Die Schiiten

Es kam zum ersten und bis heute größten Bruch im Islam. Muawiya und seine Familie, die Ommayyaden, herrschten und begründeten ihren Rechtsanspruch mit der Sunna, die von dem Leben des Propheten ablesbare Anweisungen, Aussprüche, Verhaltensmuster, ja sogar das schweigsame Tolerieren von Situationen durch Mohammed enthält.

Alis Partei, die Schiiten, strebten eine Theokratie unter der Herrschaft von Nachkommen aus Mohammeds Familie an. Für sie war Ali der erste und letzte rechtmäßige Kalif.

Ali hatte zwei Söhne. Der ältere, Hassan, ließ sich seine Ansprüche auf das Kalifat durch Geld abkaufen, wurde aber später sicherheitshalber doch vergiftet. Die Nachkommen von Hassan, auf die sich die heutigen Königshäuser von Jordanien und Marokko zurückführen, wandten sich der Sunna zu. Die Schiiten gruppierten sich um den zweiten Sohn Alis, Hussain. Muawiya starb, und sein Sohn Yazid wurde Kalif. Er ließ Hussain bei Kerbela (heute in Irak) umbringen. Die Schiiten betrauern ihn bis heute als ihren Märtyrer.

Bildete die Schia, die Partei Alis, von Anbeginn an nur ein loses Sammelbecken von Alis Anhängern, so splitterte sie sich im Laufe der Jahrhunderte noch stärker auf. Die heute noch bedeutendsten Fraktionen sind die Ismaeliten, die sich unter dem siebten Imam von den anderen trennten, und die Imamiten, die folgendes berichten: Der elfte Imam, der in Samarra bei dem Fluß Tigris unter polizeilicher Aufsicht des Kalifen lebte und mit einer byzantinischen Prinzessin verheiratet war, starb als Achtundzwanzigjähriger im Jahre 873. Sein ältester Sohn, ein fünfjähriges Kind, der zwölfte Imam, verschwand spurlos am Todestag des Vaters. Siebzig Jahre hindurch trat er aus seiner «kleinen Verborgenheit» durch Mittelsmänner mit seinen Anhängern in Verbindung. Im Jahre 942 sandte er die letzte Botschaft, die besagt, daß er nun in die «große Verborgenheit» übertrete und dereinst als Mahdi, als Messias, zurückkehren werde, um das «Goldene Zeitalter» einzuleiten.

Die äußere Geschichte führt in gerader Linie zum überragenden Führer der Schiiten in diesem Jahrhundert, der ebenfalls ein Nachkomme des Propheten war, zum Ayatollah Khomeini, der 1989 verstorben ist.

Nach schiitischer Überzeugung war eine präexistente, aus der Ewigkeit kommende Lichtsubstanz in den Imamen wirksam und sicherte die spirituelle Nachkommenschaft der Nachfolger, in denen ja stets über Fatima, die Tochter der Khadidscha, auch Mohammeds Blut weiterfloß. Rudolf Frieling erwähnt es in seinem lesenswerten Buch «Christentum und Islam» (siehe Lit.) als persönliche Tragik Mohammeds, der in erster Linie das Sohnesprinzip des Christentums ablehnte, daß alle drei seiner Söhne als kleine Kinder starben. Das Sohnes- und Sonnenhafte blieb ihm verwehrt. Über die Tochter Fatima ging seine Nachfolge auf dem Mondenwege auf die Reihe der Imame weiter.

Die Wirksamkeit der Idee des verborgenen Imams im heutigen Islam kann nicht hoch genug eingeschätzt werden. Ich folge den Ausführungen von Henry Corbin bei einer Eranos-Tagung in Ascona (siehe Lit.). In dem langen, Fragment gebliebenen Gedicht «Die Geheimnisse» enthüllt Goethe seine Vision einer mystischen Bruderschaft der Zwölf im Zeichen des Rosenkreuzes. Trauer und Hoffnungslosigkeit hat sich ihrer bemächtigt, da der weise Heilige, der Auserwählte, sie zu verlassen gedenkt. Diese Gestalt des *Humanus*, des wirklich menschlichen Menschen, ist der Mittelpunkt einer Konstellation typischer Individualitäten, die allein auf Grund ihrer Affinität mit ihm sich völlig entwickeln können. Vor Goethes geistigem Auge entwickelt sich so der volle Zyklus des von der Menschheit verfolgten wahren Weges.

Eine ähnliche Vision beschreibt jene geheimnisvolle Gestalt des 14. Jahrhunderts, die uns als der «Gottesfreund vom Oberland» überliefert ist. In seinem letzten, an den Straßburger Johanniter Rulman Merswin gerichteten Schreiben nimmt der Gottesfreund, der geistige Führer einer mystischen Bruderschaft, die zuerst aus sieben, später aus zwölf Mitgliedern bestand, Abschied von seinem irdischen Freund. Niemals wurde eine weitere Spur von ihm entdeckt. In beiden Fällen erkennen wir die Idee des erwählten geistigen Führers in einer überweltlichen Gemeinschaft, dem Abbild des geistigen Kosmos, dessen Kräfte eine entscheidende Wirkung auf die Menschheit ausüben. Die Sieben und die Zwölf stellen eine Angleichung an die kosmischen Dimensionen dar – sieben Sphären der Planeten, zwölf Bilder des Tierkreises. Jedesmal handelt es sich um ein Plerom, eine erfüllte Totalität.

In beiden Fällen erfahren wir, daß der geistige Führer der Bruderschaft beschlossen hat, sich in die Okkultation zu versenken. Dieses Entschwinden erscheint als die Schwelle eines neuen Zyklus, dessen Vollendung von der Treue der Brüder zu ihrem unsichtbaren geistigen Führer abhängt. Sie sind verantwortlich für die Zukunft und das Schicksal der Menschheit als deren

Vermittler zum geistigen Universum. Ähnliche Züge können wir auch in der Religion der Anhänger der zwölf Imame entdecken. Die imamitische Lehre, wie sie heute zum Beispiel in Iran vertreten ist, kennt zwölf Imame, deren letzter der verborgene und auch erwartete Imam ist und die sich um eine dreizehnte Gestalt, um die des Propheten, gruppieren. Zwischen dem Propheten und dem zwölften Imam besteht eine besondere Beziehung: Sie tragen den gleichen Namen. Wie auch Humanus und der Gottesfreund befindet sich der Imam – der vollkommene Mensch – in der Verborgenheit. Jeder Anhänger des Imam hat in seiner ganzen Lebensweise die Wiederkehr des Imam vorzubereiten. Die Religion der Schiiten unterscheidet sich von der weiter verbreiteten Religion der Sunniten in ihrer Esoterik. Sie beruht auf Initiation und stellt die Gnosis im Islam dar. Die grundlegende These ist, daß jede äußerliche Erscheinung eine innere verborgene Realität besitzt. Gründet erstere in der sichtbaren Welt, so ist letztere Teil der übersinnlichen Welt. Die Wirksamkeit des Propheten war exoterisch. Die ergänzende Rückführung des Exoterischen auf seine esoterische Bedeutung, die geistige Interpretation der Offenbarungen, gehört zur Initiationsfunktion des Imam. Exoterisches und Esoterisches hängen gegenseitig voneinander ab, Prophezeiung und Initiation sind nicht voneinander zu trennen. Der Prophet, als Vermittler des offenbarten Wortes, verkündet das Erscheinen des Mahdi, des Erlösers und Erweckers, der den esoterischen Sinn der Offenbarungen völlig entschleiern wird.

Ist für die Sunniten mit Mohammed, der «Krone der Prophezeiung», die Offenbarung, die Geschichte der göttlichen Mitteilung endgültig abgeschlossen, so wird sie für den Schiiten erst durch die «Krone der Eingeweihten – Einweihenden», den zwölften Imam, abgeschlossen werden. Dieser aber wird von den Schiiten nicht nur erwartet, sondern ist gleichermaßen gegenwärtig und vergangen als Verbindung der Erde mit dem Himmel, die nie Teil der sichtbaren Welt sein kann.

Die zwölf Imame stehen in Verbindung mit kosmogonischen

Kräften, deren irdische Manifestationen sie sind. Sehr vereinfacht kann man folgendes sagen: Am ewigen zeitlosen Ursprung stehen zwölf himmlische Ur-Imame, die ihrem Wesen nach in die Geheimnisse der «wohlbehüteten Tafel» eingeweiht sind. Sie sind Formen der Substanz des Anthropos, des Urmenschen, Prinzip und Ursprung der Gesamtheit der Lebenden. Engel vermitteln den Imamen die Inspiration und Erkenntnis. Die Ordnung der sichtbaren Welt hängt ab von den sieben Planeten, den sieben Himmeln und den zwölf Tierzeichen, während die Vollkommenheit des geistigen Kosmos auf den sieben Propheten – Adam, Noah, Abraham, David, Moses, Jesus und Mohammed – und den zwölf Imamen fußt.

Mohammed Ibn Hassan, der zwölfte und letzte Imam, wurde im Jahr 868 auf wundersame Weise geboren. Die legendären Geschehnisse gehören in eine visionäre Welt der geistigen Initiation der jungen byzantinischen Prinzessinmutter, in welcher Fatima und Maria, Jesus und Mohammed eine Rolle spielen. Die Schilderung der reinen Geburt erweist, daß es sich nicht um eine Initiation, sondern um eine Gotteserscheinung handelt. Seit er von seiner «kleinen Verborgenheit» in die «große Verborgenheit» übertrat, zieht seine Gestalt, einem Lichtstrahl vergleichbar, durch die Geschichte und beherrscht seit über zehn Jahrhunderten das religiöse Bewußtsein der Schiiten. Bis zur Stunde des Wiedererscheinens ist der verborgene Imam nur in Träumen oder visionären Geschehnissen sichtbar. Er ist ein übernatürliches Wesen, und es hängt von den Menschen ab, ob er sich ihnen zeigen kann oder nicht. Sein Erscheinen ist das Zeichen der eigenen Erneuerung des sehend Gewordenen. In der Gestalt des zwölften Imams personifiziert sich die Existenz aller Eingeweihten oder Gottesfreunde, die Glieder eines und desselben Corpus mysticum sind. Der zwölfte Imam enthält und beweist die ewige Realität der Initiation. Er ist eine Figur des Erlösers, der die Auferstehung der Toten in seinen Freunden jetzt schon und ständig bewirkt und auf einen neuen Beginn hindeutet.

Der zwölfte Imam ist das innere Wesen des letzten Propheten, Mohammeds, was zu der Vorstellung der Identität der Substanz der beiden Gestalten führt. Durch den exoterischen, sichtbar machenden Tag und durch die esoterische, verinnerlichende Nacht führt der unvermeidliche und einzige Weg zum Morgen der Auferstehung. Der Imam wird dann erscheinen, wenn die Menschen fähig sein werden, die Botschaft seiner Person zu verstehen, denn das Geheimnis seiner Okkulation liegt in den Menschen selbst, er ist Sinnbild der menschlichen Integrität. Der vollkommene Mensch als vollkommene Gotteserscheinung durchdringt und erfaßt das Geheimnis aller Wesen, deren esoterischen Sinn er realisiert. Der vollkommene Mensch als Erlöser bringt kosmisches Heil.

Der Weg des Impulses von Gondishapur nach Europa

Der Siegeszug der arabischen Reiterscharen setzte sich fort. Nach Palästina, Syrien, Mesopotamien, Iran und Ägypten eroberten sie unter Ommayyaden-Kalifen im Osten die Gebiete der heutigen Staaten Pakistan und Afghanistan, nach Westen zu ganz Nordafrika. Im Jahre 711 schaffte der Feldherr Tarik den Sprung nach Spanien. Der Berg, wohin er mit Hilfe des spanischen Grafen Julian übersetzte, heißt bis heute Berg des Tarik, Djebel Al Tarik, Gibraltar. Das Westgotenreich konnte ihm trotz des hartnäckigen Widerstandes der Festungen Cordoba und Granada nicht widerstehen. Innerhalb von vier Jahren war die Eroberung der iberischen Halbinsel weitgehend abgeschlossen.

Bald durchstreiften fünftausend islamische Reiter Frankreich. Sie machten auch hier reiche Beute, doch das kühle und feuchte Klima, die Wälder, die ihnen unheimlich waren, machten ihnen Schwierigkeiten. Da sie auf wenig Widerstand stießen, hatten sie den Eindruck, daß es wohl möglich sein dürfte, das Gebiet zwischen Atlantik und Rhein unter islamische Kontrolle zu bringen.

Die islamische Führung übersah jedoch, daß der Kanzler des Fränkischen Reiches, Karl Martell, in diesen Jahren in einem grausamen Feldzug gegen die unabhängig gewordenen Gaufürsten die Zentralgewalt sehr verstärkte.

Die islamischen Reiter trafen wenig später bei einem geplanten Überfall auf Poitiers und Tours auf ein großes Christenheer und zogen sich nach begonnenen Kämpfen wegen des Todes ihres Anführers, des Statthalters von Andalusien, nach Spanien zurück.

Im mittleren und fernen Osten wie auch südlicher in Afrika verlief die weitere Ausbreitung des Islam friedlich. Arabische Händler übten im Pandschab, in Innerasien und in China eine Missionstätigkeit aus, ihr Wirken führte überall zu Diaspora-Gemeinden.

Im Zentrum der Macht, im syrischen Damaskus, wohin Muawiya den Kalifensitz verlegte, spielte sich unterdessen Wesentliches ab. Die Ommayyaden wurden nach Verdrängung der strenggläubigeren Schiiten immer mehr durch die Macht korrumpiert. Chalid ben Yazid ben Muawiya, also ein Enkel des Ali-Gegners Muawiya und Sohn von demjenigen Yazid, der Hussain töten ließ, wurde selbst nicht Kalif, benutzte aber seine hohe Stellung am Kalifenhof dazu, dem Impuls von Gondishapur im Zentrum der islamischen Herrschaft Platz und Einfluß zu verschaffen. Vom syrischen Mönch Marianos soll er in die uralten Geheimnisse der Alchemie, Astrologie und Medizin eingeweiht worden sein. Er ließ eine Fülle griechischer Weisheit erstmalig aus dem Griechischen, Koptischen, Syrischen und Persischen ins Arabische übersetzen. Bei ihm beginnend, durchtränkte der Impuls von Gondishapur die arabisch-islamische Welt in ständiger Auseinandersetzung mit den verschiedensten Strömungen der islamischen Orthodoxie, mal weiter vorprellend, mal wieder zurückgedrängt, an einzelnen Orten blühend, woanders ganz unterdrückt, ein stetes Auf und Ab.

Die rasch zunehmende Verweltlichung des Kalifenhofes: Kalifen, die in prachtvollen Lustschlössern als passionierte Freunde des Sportes, der Musik sowie der Sängerinnen lebten, untergrub die Autorität der Ommayyaden. Abul-Abbas, ein Nachkomme eines Onkels von Mohammed, der sich auf eine iranische Oppositionsbewegung stützte, ließ sich 749 zum Kalifen ausrufen. Der letzte Ommayyaden-Kalif und die männlichen Mitglieder der Ommayyaden-Familie wurden umgebracht, die Dynastie der Abbasiden übernahm die Herrschaft und verlegte den Kalifensitz nach Bagdad.

Zwei Ommayyaden-Brüder konnten entkommen, sie suchten Zuflucht in den abgelegenen Gebieten des Reiches. Der eine wurde im Nordosten erkannt und getötet, der andere, Abd-al-Rahman, hatte mehr Glück. Es gelang ihm, an der Westgrenze des Reiches, eben in Spanien, ein selbständiges Kalifat zu errichten.

Abul-Abbas, der «Blutvergießer», wurde bald von seinem Bruder Al Mansur abgelöst. An seinem Hofe in Bagdad erlangte der syrisch-nestorianische Arzt, ein Leiter der Akademie von Gondishapur, Djordjis ben Djabril ben Bachtischua, das heißt Georg, Sohn des Gabriel und Enkel des Bocht-Jeschu, zu deutsch Diener Jesu, einen großen Einfluß. Seine Nachkommen blieben zehn Generationen lang Leibärzte und Ratgeber des Kalifen. Die nur äußerlich besiegten Parsismus und Hellenismus hielten sieghaften Einzug am Kalifenhof. Bagdad wurde geistige Hauptstadt der Welt. Al Mansur gründete eine Akademie, die bis zu sechstausend Schüler und Lehrer zählte. Kaum jemals sah die Geschichte Herrscher, die mehr für Wissenschaft und Künste, für Zivilisation und Wohlstand leisteten als er und seine Nachfolger Harun al Raschid und Al Mamun.

Das vom Zentrum ausströmende Kulturleben wurde in alle Winkel des Reiches getragen. Doch wie wenn die Geschichte nur auf diesen mächtigen Impuls gewartet hätte: Nach Mamun beginnt der Niedergang des Reiches. Das Schwergewicht des politischen Handelns ging an die türkischen Generäle über, die die wichtige Ostgrenze des Reiches zu verteidigen hatten. Sie erhielten den Sultanstitel und besetzten den Kalifenthron nach ihrem Gutdünken mit schwachen, unbedeutenden Gliedern der Dynastie. Die Eroberung Bagdads durch einen Enkel von Dschingis-Khan beendete die Herrschaft der Abbasiden endgültig.

Beim Verfolgen des Weges des arabischen Kulturimpulses interessiert uns das westliche Land des Kulturaustausches zwischen Christen und Muslim, Spanien, im besonderen.

Bei der Eroberung von Spanien blieben die nördlichen küstennahen Gebiete, insbesondere Asturien, ausgespart. Hin und her wogten die Kämpfe zwischen Christen und Muslim. Der Islam erlebte in Spanien die Jahre seines größten Glanzes unter den Ommayyaden-Kalifen im 10. Jahrhundert. Die gewaltigen Kulturimpulse, die auch hier einströmten, paarten sich aber bald mit politischer und militärischer Schwäche. Die eigenen Söldner vernichteten das Reich der Kalifen von Cordoba, viele kleine islamische Königreiche entstanden, die nun ihrerseits den christlichen Königen Tribute zahlen mußten, wie früher die christlichen Könige den Ommayyaden.

Die christlichen Staaten erstarkten nicht nur militärisch, sondern auch geistig. Vom französischen Kloster Cluny ging eine Reformbewegung aus, die große Veränderungen im Abendland bewirkte. Über Navarra gelangten die Cluniazenser nach Kastilien und León und brachten den christlichen Mächten der Halbinsel eine moralische Aufrüstung. Spaniens Kirche schloß sich zunehmend dem römischen Katholizismus an. Die Liturgie der nationalen, mozarabischen Kirche wurde abgeschafft und durch die römische ersetzt.

Im Jahre 1085 besetzte der König von Kastilien und León, Alfons VI., Toledo. Er verhielt sich nach guter altspanischer Weise den Muslimen der Stadt gegenüber tolerant, bezeichnete sich als König der beiden Religionen. Denn man bekriegte sich, nahm einander Städte weg und lebte dann wieder zusammen. Doch diesmal kam es anders. Sobald der König die Stadt verlassen hatte, stifteten die Königin, eine Französin, und der Erzbischof Bernhard, ein Mönch von Cluny, eine Schar von christlichen Rittern an, die bei Nacht in die große Moschee von Toledo einbrachen und – wie sie sagten –, den Greuel der Religion Mohammeds hinauswarfen, einen Altar der Religion Jesu Christi errichteten und im großen Turm Glocken aufhängten. Dank den cluniazensischen Reformen kündigte sich eine gewisse Fanatisierung der christlichen Seite an. Diese Tendenz wirkte mit Recht wie ein Alarmzeichen auf der muslimischen Seite und führte dort zu einer Überreaktion. Die kriegerische Almoraviden-Sekte aus Marokko bekam überhand, die viele Fremde aus Afrika mitbrachte. Mit den Almoraviden und nach ihnen mit den Almohaden überrollten zwei puritanische Wellen das islamische Spanien.

Dies aber verdrängte die Dichter, die Philosophen, die Wissenschaftler, den ganzen raffinierten Kulturbetrieb der Kleinkönige. Die Kulturträger fanden ein freieres Klima in dem christlich gewordenen Toledo vor und übersiedelten dorthin. Wieder einmal kam die Grundstruktur des Schicksals des Impulses von Gondishapur ganz klar zum Vorschein: Jedesmal, wenn eine orthodoxe, puritanische, sektiererische, asketische, streng militärische Welle die Oberhand bekam, mußten die Träger des Impulses untertauchen, um untrüglich dort wieder aufzutauchen, wo Reichtum zu Bequemlichkeit und Muße, zum (im impulsiven arabischen Charakter ebenfalls immanenten) Genießen und Wohlergehen führten.

Die Toleranz der kastilianischen Könige in Toledo brachte bald ihre Früchte. Die Stadt war voller französischer Mönche. Es gab über die Pyrenäen hinweg ein Kommen und Gehen. In Frankreich und in ganz Europa erfuhr man bald alles, was in Toledo und in Spanien geschah. Die Gebildeten des Abendlandes trafen hier die gebildeten Muslime, Juden und Mozaraber, die vor der Verfolgung durch die Almoraviden hier zusammenströmten. 666 Jahre nach Schließung der griechischen und syrischen Philosophenschulen spiegelte sich das Geschehnis in Spanien ab. Die

Stadt Toledo bekam einen kosmopolitischen Charakter. Antikes griechisches Wissen, die antike Weisheit der Inder und Perser, Wissenschaft und Kultur strömten hier zusammen.

Juden und Mozaraber sprachen sowohl Arabisch als auch Lateinisch, und der neue französische Erzbischof von Toledo, Raimund, förderte die Übertragung des arabischen Wissens nach Europa. Da wirkten die Engländer Abälard von Bath, Robert von Chester, Daniel von Morley, Alfred von Sereshel und Michael Scotus, da war Petrus Venerabilis, von Italien Hugo von Santalla, Platon von Tivoli, da war Domingo Gundisalvo, der meistens mit dem konvertierten Juden Ibn Dawud zusammenarbeitete, da war Hermann aus Dalmatien, Rudolf von Brüssel, Markus von Toledo und Hermann der Deutsche. Unzählige Bücher wurden wieder übersetzt, ins Lateinische, ins Kastilische, eine Enzyklopädie des Wissens, die im gesamten Abendland nun – nach 666jähriger Verzögerung durch den Islam – begierig aufgenommen, studiert und weiterentwickelt oder verworfen wurde, zuerst an der Schule von Chartres, dann an der Sorbonne von Paris. Bis ins 14. Jahrhundert hinein hat es gedauert, bis dieser gewaltige Impuls sich in Europa voll auszuwirken begann.

Weshalb durfte sich nun der Impuls von Gondishapur in Europa auswirken?

Im folgenden knüpfe ich an die Überlegungen von Sigismund von Gleich an, die er, noch zu Lebzeiten Rudolf Steiners, in den ersten Monaten von 1925 unter dem Pseudonym Hans Heinrich Frei in der Zeitschrift «Die Drei» veröffentlichte.

Daß die volle Auswirkung des Impulses von Gondishapur im Jahre 666 eine verfrühte Bewußtseinsseelenentwicklung und in der Folge eine Blockade jedweder Weiterentwicklung der Menschenwesenheit gebracht hätte, haben wir schon erwähnt. Woran lag diese Gefährlichkeit, und warum konnten die guten geistigen

Mächte sechshundertsechsundsechzig Jahre später das Eindringen des Impulses – in der durch den Islam abgewandelten und abgestumpften Form – in das europäische Geistesleben zulassen?

Die Gefährlichkeit dieses Wissenschaftsimpulses, dem die europäische Menschheit des Jahres 666 überhaupt nicht gewachsen war, lag am okkulten, gnostischen Charakter, gepaart mit einer auf schärfste Sinneswahrnehmung sich stützenden naturwissenschaftlichen Beobachtungs- und Experimentiermethode. Die Erleuchteten, die den Impuls trugen, ragten in die Sphäre des Mondes, in die ätherische Welt, hinein. Durch ihre Schulung blieb ihr Denken nicht so blaß und substanzlos wie unser heutiges, ihr Denkorganismus lockerte sich ekstatisch vom Leibe. Sie empfingen die aufleuchtenden Gedankenbilder wesenhaft. Diese außerordentliche Vorstellungskraft war begleitet von lebhaft malenden Phantasiekräften. Sie empfanden, daß die Wahrheit in der ätherischen Traumvisionensphäre des Mondes lebt und, außer Leibes erschaut, wie durch einen Engpaß durch das Gedankenelement in das Sinnesdasein einströmt.

Die ätherische Menschenorganisation selbst aber wurde als die wahrhaft bleibende Form des Menschen erschaut, durch welche von der Empfängnis bis zum Tode die Stoffe und Kräfte der physischen Welt in Ernährung, Stoffwechsel und Ausscheidung in unablässigem Wechsel hindurchströmen, die übersinnliche Form materiell ausfüllend. Der sogenannt «bleibende» physische Leib ist bloßer Schein. Diese Auffassung eröffnet gewaltige Perspektiven, zum Beispiel für eine wahrhafte Heilkunst, aber erst dann, wenn der Mensch, nachdem er sich zum begrifflichen Denken entwickelt hatte, zunächst in die physisch-sinnliche Welt sich eingelebt und durch den Christus-Impuls innerhalb der Sinnenwelt zur fest in sich geschlossenen und gegründeten Persönlichkeit, zur selbstbewußten Ich-Wesenheit, erstarkt ist. Dann erst kann er sich in Freiheit, ohne Schaden zu nehmen, in die ätherischen und höheren Geistbereiche, von der inzwischen normal entwickelten Bewußtseinsseele aus, erkennend einleben.

Während des Mittelalters hatten sich die Menschenseelen auf diese Entwicklung erst vorzubereiten, indem sie ihr Ich-Gefühl in religiöser und denkender Hingabe an Jesus Christus verdichteten. Und auch am Ende dieser Phase mußte, obwohl schon sehr viel von der okkulten Seite des Impulses inzwischen verlorengegangen war, noch etliches davon abgewehrt werden – zum Beispiel durch Thomas von Aquin –, was da durch Ibn Sinna (Avicenna), Ibn Roschd (Averroes), Musa ben Maimun (Moses Maimonides) und manche andere an Europa herankam. Was aber in das europäische Geistesleben hineingelangte, bewirkte auch hier einen enormen Aufschwung der Wissenschaften, eine Intellektualisierung und letztlich das Aufkommen des Materialismus, als notwendige weitere Zwischenstufe der Ich-Erstarkung.

Der Islam heute

Es kam zum allmählichen Verfall des islamischen Reiches, zu einem äußeren Bedeutungsverlust. Noch zu Lebzeiten Rudolf Steiners, ja im Bewußtsein des Durchschnittseuropäers noch vor etwa zwanzig Jahren, schien der Islam alt, müde und aufgebraucht zu sein, ohne Zukunft dahinvegetierend. Und dann, dann kam die plötzliche Wiedererstarkung. – Wegen Erdölmilliarden, wie man es gerne annimmt? Nein. Die fließen schon zurück durch den extra dafür eingefädelten Krieg zwischen Iran und Irak, durch die wie nach Belieben intensivierbaren Afghanen-, Kurden-, Libanon-, Palästinenser-, Sudan-, Tschad-, Polisario- und so weiter Kämpfe, die dafür sorgen, daß die an die Industrienationen für Waffenkäufe zurückgeflossenen Milliarden zuverlässig in der Luft verpuffen oder als Altblech die Straßen säumen, beziehungsweise die Wüste zieren. Der Rest des Geldes wird zu einem beträchtlichen Teil in wiederum bei den Industrienationen besorgte Bauten und Ausrüstungen von Projekten gesteckt, die fast immer buchstäblich im Sand verlaufen. Doch die Wiedererstarkung des Islam hat andere Gründe.

Was das Gewicht des Islam im Weltengeschehen wiederum stark zunehmen ließ, ist nicht die Macht der Regierungen der islamischen Staaten, die in ewigem Hader miteinander, uneinig wie je, ihre Potenz nicht ausspielen können. Genausowenig versteht es die islamische Welt, ihre wirtschaftlichen Möglichkeiten dauerhaft zum Durchbruch zu bringen.

Was erstarkt ist, ist zweifellos bei den Massen der Gläubigen Wirksames. Von außen gesehen würde man sagen, es ist der Fundamentalismus, es ist die Rückkehr zur Einhaltung der alten religiösen Vorschriften, die in der Welt heute wirkt. Es ist der «Islam» selbst, seinem Wortsinne nach die Unterwerfung, die erstarkt ist.

Doch wie kam es dazu?

Wer ist der große Feind des so plötzlich erstarkten Fundamentalismus, wem wirft man sich da todesmutig entgegen? Es ist der Teufel Materialismus, gelegentlich personifiziert im Bilde des Präsidenten der Vereinigten Staaten. Es ist der Teufel Materialismus, der den Geist des Individuums aus dem warmen Schoß des Gruppengeistes, aus dem heißen Sausen des Blutmäßigen, aus dem Schlaf der ewigen Wiederkehr des Gleichen, aus dem Traum in der Pan-Intelligenz des einzigen Herrschergottes, aus der lieblich-wuchernden Schönheit des chaotischen Lebens herausreißen will. Es ist ohne Zweifel, daß eine vom Kulturschock ausgelöste Rückzugsbewegung der Wiedererstarkung des Islams entgegenkam. Doch die Stärke, die heutige Aufgabe des Islam, die müssen wir woanders als in der Fortschrittsverweigerung suchen.

Augenfällig ist auch das Wiederaufflammen des Kampfes von Ismael gegen den feindlichen Bruder, gegen Isaak, gegen Israel, ein Kampf, der schon für Mohammed in Medina von Bedeutung war und auch in diesem Jahrhundert das Seinige zur Erstarkung der islamischen Bewegung beitrug. Doch auch dieser Kampf ist nicht der Grund des Wiedererwachens, nur ein Zeichen der noch anzudeutenden historischen Situation.

Weshalb stellt sich der Islam heute wieder so betont vor unsere Augen? Erinnern wir uns an die Rhythmen der Geschichte.

Sechseinhalb Jahrhunderte vor dem Mysterium von Golgatha lebte Buddha und setzte seinen Impuls in die Welt, der das Mittelpunktsgeschehen der menschlichen Geschichte, sechseinhalb Jahrhunderte später, vorzubereiten half.

Sechseinhalb Jahrhunderte nach dem Mysterium von Golgatha fing Mohammed – durch seine Religionsbegründung – den Impuls von Gondishapur auf. Wieder vergingen sechseinhalb Jahrhunderte, bis der abgeschwächte Impuls von Gondishapur in Europa aufgenommen wurde und der Intellektualismus hier einsetzt.

Sechseinhalb Jahrhunderte sind wieder vergangen seither, die das Aufblühen des Materialismus brachten, und nun am Ende des 20. Jahrhunderts stehen wir da und schauen sozusagen zu, wie wieder einmal eine Epoche, diesmal die Epoche des intellektualistischen Materialismus, zu Ende geht. Und am Ende der Epoche steht der Islam plötzlich da, den man in der Zwischenzeit fast schon vergessen hat, der aber den Anfangsimpuls zu unserer heutigen, in die Sackgasse gekommenen, unchristlichen, eigentlich arabistischen Wissenschaft gegeben hatte.

Es ist eine okkulte Regel, daß verfahrene Situationen so korrigiert werden können, daß die Beteiligten die Ausgangssituation sozusagen wiederherstellen, in der das Geschehnis auf versiegende Wege geriet. Sie stellen die Ausgangssituation geistig wieder her und bemühen sich nun gemeinsam, intensiv das Geschehen diesmal in weiterführende Bahnen zu lenken.

Auch heute, nachdem die Bewußtseinsseelenentwicklung sechseinhalb Jahrhunderte lang fortgeschritten ist, nachdem die Ich-Kräfte durch den Materialismus die notwendige Erstarkung erfahren haben und auf der moslimischen Seite eine starke, okkult, aber auch klassisch an Logik, Grammatik und Rhetorik geschulte Führungsschicht der Schia bereitsteht, formieren sich die Kräfte, die die Mission des Arabismus mit einem neuen Ansatz in weiterführende Bahnen lenken könnten.

Diese Potenz soll uns helfen, die heutige Situation des Islam zusammenzufassen. Etwa neunhundert Millionen Moslim leben mit uns heute in der Welt. Die sechs bevölkerungsreichsten moslimischen Staaten sind Indonesien, Pakistan, Bangladesh, Indien, die Türkei und die Sowjetunion, mit ebenfalls vorwiegend türkischstämmiger moslimischer Bevölkerung. Kein einziger arabischer Staat ist darunter. Die Gesamtzahl der arabischen Bevölkerung der Welt ist mit hundertvierzig Millionen kaum größer als die Bevölkerung Indonesiens. Doch die politischen Gewichte sind ganz anders verteilt. Gewicht haben nicht die Völker, die unter dem Namen Sunniten im Hauptstrom des Islam segeln. Wenn man die Völker, die sich mit neuem Gewicht in die Welt gestellt haben, genauer anschaut, findet man in allen Fällen die kräftigeren, lebensvolleren Nebenströmungen des Islam. Symptomatisch ist zum Beispiel die Situation im Libanon. Von Sunniten, wie übrigens auch von den Griechisch-Orthodoxen, hört man kaum etwas. Da kämpfen zum Beispiel wochenlang iranisch unterstützte Schiiten gegen syrisch unterstützte Schiiten. Die Sunniten, die größte moslimische und bis zum Bürgerkrieg wohlhabende, zum Teil städtische Bevölkerungsgruppe, hatten nicht die Kraft, sich durchzusetzen. Neben den Schiiten, die Imamiten der Zwölfer-Schia sind, hört man viel von den maronitischen Christen und von ihren Erbfeinden, den Drusen, die neben den Ismaeliten, Fatimiden, Assassinen und anderen zu den historisch wichtigen Strömungen der Siebener-Schia gehören. Hier darf auch nicht unerwähnt bleiben, daß die Drusen an Reinkarnation und Karma glauben.

Reichtum und Armut, Macht und Ohnmacht, Gesundheit und Krankheit, alle Situationen erlebt nach drusischem Glauben im Sinne einer ausgleichenden Gerechtigkeit eine jede Menschenentelechie im Laufe ihrer zahlreichen Erdenleben.

Saudi-Arabien erhält seine moralische Stärke von den Wahhabiten, den Anhängern einer fundamentalistischen Reformbewegung, die die arabische Halbinsel in der Mitte des 18. Jahrhun-

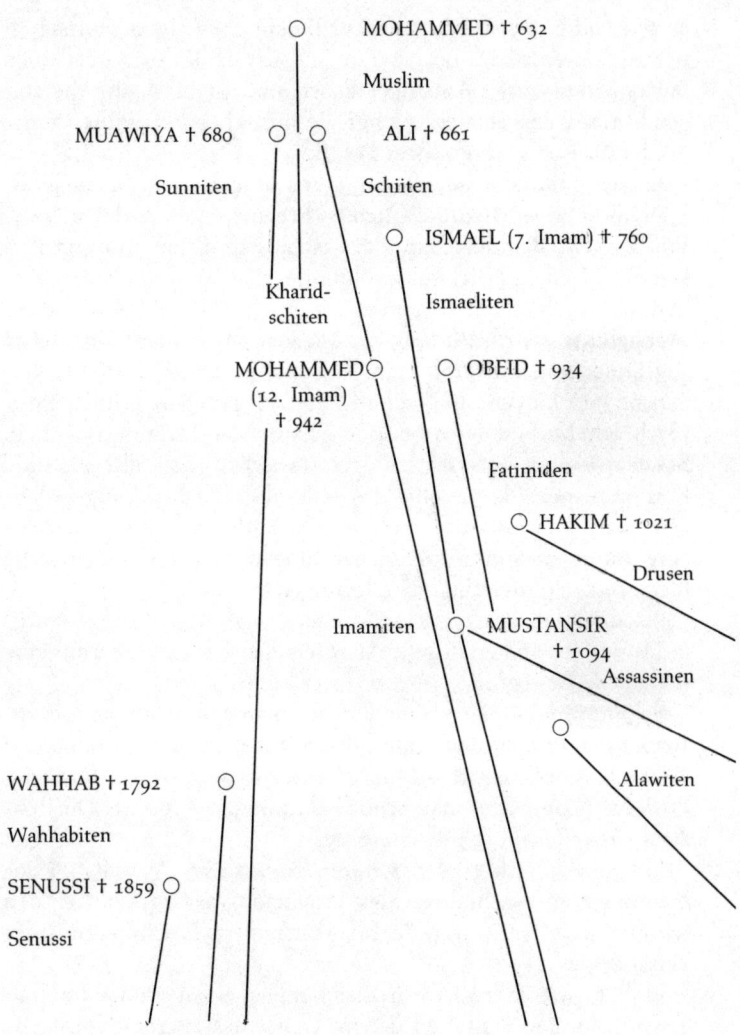

MOHAMMED † 632

Muslim

MUAWIYA † 680   ALI † 661

Sunniten   Schiiten

                   ISMAEL (7. Imam) † 760

Kharid-   Ismaeliten
schiten

MOHAMMED   OBEID † 934
(12. Imam)
† 942

                   Fatimiden

                       HAKIM † 1021

                            Drusen

Imamiten   MUSTANSIR
                    † 1094

                       Assassinen

                            Alawiten

WAHHAB † 1792

Wahhabiten

SENUSSI † 1859

Senussi

Schema der erwähnten islamischen Strömungen

31

derts erfaßte. Sie wurde zwar auf Befehl des Sultans von Ägypten aus unterdrückt, doch setzte sie sich dank des beharrlichen Puritanismus ihrer Anhänger durch und ist bis heute die tragende Kraft des Staates, zwingt die herrschende Familie immer wieder zu Korrekturen ihrer Politik.

Libyen mit dem so oft für verrückt erklärten Moamar al-Kadhafi, was wortwörtlich heißt «Erbauer, Botschafter aus der Wüste», ein Beduinensohn, der islamische Erneuerungsgedanken mit Ideen einer Kulturrevolution vermengt, gründet auf eine Senussi-Tradition. Der Senussi-Derwischorden, ein Ableger der Wahhabiten, wurde Anfang des vorigen Jahrhunderts in Mekka gegründet und erkämpfte ein Jahrhundert später die Unabhängigkeit von Libyen. In Kadhafis weitverbreitetem grünen Buch (nach dem Vorbild des roten Buches von Mao Tse-tung) wird ein Staatsprogramm als dritter Weg zwischen Kapitalismus und Kommunismus dargestellt, das teils als Dreigliederungsgedanken-Sammlung aus der Frühzeit des anthroposophischen Achberg stammen könnte, teils aber fundamentalistisch-islamische Ideen mit marxistischen Überlegungen verquickt.

Assad Hafez, der syrische Präsident, und die Führungsschicht in Damaskus sind Alawiten. Alawiten aber bilden wiederum eine schiitische Bewegung.

Schiiten sind tonangebend dort, wo man von sich reden macht. 1972 schätzte man den Anteil der Schiiten in der moslimischen Welt auf zehn Prozent, Anfang der achtziger Jahre auf fünfzehn Prozent, heute redet man schon von zwanzig Prozent. Die Tendenz ist weiterhin schnell steigend.

Ein großer Führer der Schiiten erwuchs in Ayatollah Khomeini, einem Nachfahren des Propheten, der als solcher den schwarzen Turban tragen durfte. Von seinem Tun weiß ein jeder Zeitgenosse.

Er hat viele Jahre lang in der heiligen Stadt Ghom im Iran gewirkt, an der Stätte, an der im Geiste des alten Gondishapur antike, indische, fernöstliche, altpersische Kulturelemente in eine strenge islamische Ausbildung einfließen. Eine Eliteschulung, ein Einweihungsweg, dessen esoterische Hintergründe in diesem Vortrag ausgeführt werden. Eine Eliteschulung, deren Zöglinge allen Erwartungen zum Trotz ein großes Staatswesen in schwierigen Kriegszeiten zu führen fähig waren. Während der Krieg mit modernen Mitteln geführt wurde, ließ Khomeini für die Gläubigen aus dem Koran und aus der Überlieferung die Gesetze zusammenstellen, die zu beachten sind. Bis in die letzte Einzelheit wird das Verhalten vorgeschrieben. Nehmen wir ein Beispiel, das die oft besprochene Stellung der Frau betrifft: «Die Frau, die sich ausbilden lassen möchte, um ihren Lebensunterhalt durch eine schickliche Arbeit zu verdienen, und die einen Mann zum Ausbilder hat, darf das nur tun, wenn sie ihr Gesicht bedeckt und wenn sie nicht mit Männern in Berührung kommt. Ist die Bedeckung des Gesichts nicht möglich und ist die Berührung mit Männern unvermeidbar, muß sie auf ihre Ausbildung verzichten.» Ein anderes Beispiel: «Radio und Fernsehen sind gestattet, wenn sie dazu dienen, Nachrichten und Gebete auszustrahlen, eine gute Erziehung zu fördern, die Produkte und Sehenswürdigkeiten der Erde bekannt zu machen. Aber Gesang und Musik sind verboten. Nicht erlaubt sind auch die Verkündigung antiislamischer Gesetze, Tyrannenlob, lügnerische (das heißt ‹islamfeindliche›) Worte, sowie Sendungen, die Zweifel säen und den Anstand gefährden.» (Konzelmann: Herausforderung – siehe Lit. –, S. 39)

Eigentlich sollten wir noch mehr über das Spannungsfeld des modernen Lebens im Zusammenfließen mit der islamischen Tradition, über die Rolle der Frau in den verschiedenen islamischen Staaten von heute bis zur intensiven Beteiligung von moslimischen Frauen an den Frauenkongressen in aller Welt wissen. Wir sollten auch die Erfolge des Islam in Afrika in diesem Jahrhundert verfolgen. 1906 waren ein Drittel der Afrikaner Moslim, 1950 schon die Hälfte. Wie steht es heute? Die Tendenz ist zunehmend. Dann die Black Muslim in den Vereinigten Staaten, die Muslim des Balkans, die sieben Millionen Muslim in Westeuropa, die Gelder, die in die Unterstützung der Missionierung fließen, die Muslime der Sowjetunion, 1983 offiziell siebzehn Prozent der Bevölkerung, inoffizielle Zahlen liegen wesentlich höher. Dann die Bedeutung der synkretistischen Bewegungen, wie zum Beispiel der Bahai-Bewegung, die im Westen bis nach Südamerika eine starke Resonanz fand, und die Wirksamkeit der mystischen Strömung, der Sufis. Wir können sie nur erwähnen.

Zurück zum Iran, zu diesem Unruhepunkt der heutigen Weltpolitik, zu diesem Richtpunkt der Aufmerksamkeit: Die Predigten berühmter Imame am Freitag in der Moschee, die auf Tonbändern in wenigen Tagen Tausende Kilometer weit in der moslimischen Welt verbreitet werden, zeigen, daß wir heute in erster Linie mit der esoterisch begründeten Kraft der Schia zu rechnen haben, der Schia, von der Rudolf Frieling in seinem schon erwähnten Buch «Christentum und Islam» schreibt: «So hat sich in der Schia eine merkwürdige Geistesströmung entwickelt, die in ihrem Bewußtsein ganz gewiß nicht christlich, sondern islamisch sein will, die aber in ihrem esoterischen Streben in die Nähe der christlichen Mysterien geraten ist.»

Merkwürdige Beobachtungen dort, wo man es am wenigsten erwartet hätte: Die Nähe christlicher Mysterien in der Ausbildung der Führer der Schiiten, Reinkarnation und Karma bei den Drusen, Dreigliederungsgedanken bei Khadafi – am Ende des 20. Jahrhunderts, am Ende der Epoche des intellektualistischen Materialismus versammeln sich Partner um das Mittelmeer, um dabeizusein bei der Entstehung einer neuen, einer postintellektualistischen Epoche. Ein entscheidender Punkt ist, ob solche Impulse in die Dienste böser Mächte verkehrt werden oder ob sie als Keime einer positiven Entwicklung sich auswirken können. Dies führt zur abschließenden Beantwortung der oft ausgesprochenen Frage: Was ist der Grund des augenfälligen Wiedererstarkens des Islam, und wie sollen wir uns dazu stellen?

Der plausible Grund des kräftigen Wiederauftretens in der heutigen Schwellensituation zu einer neuen Epoche ist, daß der

Islam, der unserer heutigen Epoche zur Geburt verhalf, beim nächsten Schritt mit uns mitschreiten muß. Wer die Zeit aufmerksam beobachtet, merkt, wie die weltweite politische und wirtschaftliche Verflechtung ein menschheitliches Fortschreiten in eine gemeinsame Richtung erzwingt.

Als Anthroposophen sind wir überzeugt, daß der weiterführende Schritt die michaelische Durchchristung des Intellektualismus ist. Ebenso wie in der christlichen Welt müssen wir auch in der islamischen Welt unsere potentiellen Verbündeten unter denjenigen suchen, die in ihrem Streben eine unseren Idealen verwandte Zielrichtung verfolgen könnten. Wir können überzeugt sein, daß wir auch in der islamischen Welt solche Kräfte finden können. Darauf deuten die richtungweisenden Sätze des bekannten anthroposophischen Historikers Karl Heyer: «Erst wenn das an sich nur form- und schalenhafte Denken der heutigen, noch immer ‹arabistischen› Wissenschaft den lebendigen Geistesinhalt aufnimmt, der nur aus der fortlaufenden, zeitgemäß weiterentwickelten christlichen Strömung hervorgehen kann, wenn der Halbmond seinen Zweck als ‹Gefäß› erfüllt, indem er die ‹Hostie› aufnimmt, erst wenn so Arabismus und Christentum wirklich zu einer höheren Einheit verschmelzen, wird die innere Feindschaft, der unsere Kultur zerreißende Widerstreit zwischen beiden überwunden sein. Erst dann wird im Sinne der Gesamtmenschheitsentwicklung auch die Mission des Arabismus ganz erfüllt sein.» (Siehe Lit.)

Bearbeitete Literatur

Boisard, Marcel A.: L'Humanisme de l'Islam, Paris: Michel 1979, 436 S.
Boisard, Marcel A.: L'Islam aujourd'hui, Paris: Unesco 1984, 279 S.

Bravmann, René A.: African Islam, Washington: Smithsonian Inst. 1983, 120 S.

Corbin, Henry: Der verborgene Imam und die Erneuerung des Menschen in der Theologie der Schiiten, in Eranos-Jahrbuch XXVIII, Eranos-Tagung 1959, Ascona.

Frei, Hans Heinrich: Geistesgeschichtliche Entwicklungslinien im Hinblick auf den «Impuls von Gondi-Schapur», in: Die Drei, 4 (1924/25), 708–723, 749–766, 881–899.

Frieling, Rudolf: Christentum und Islam. Der Geisteskampf um das Menschenbild. Stuttgart: Urachhaus [1977], 127 S.

Heyer, Karl: Arabertum und Islam als weltgeschichtlicher Kulturimpuls in: Die Drei, 2 (1922/23), 741–760.

Hunke, Sigrid: Allahs Sonne über dem Abendland. Unser arabisches Erbe. Frankfurt/M.: Fischer 1965, 359 S.

Kellerhals, Emmanuel: Der Islam. Seine Geschichte, seine Lehre, sein Wesen. Gütersloh: Mohn 1981, 174 S., 3. Aufl.

Kinder, Hermann, Hilgemann, Werner: Atlas zur Weltgeschichte, von den Anfängen bis zur Gegenwart. München: Piper 1982, 2. Aufl.

Konzelmann, Gerhard: Die islamische Herausforderung, Hamburg: Hoffmann und Campe 1981, 383 S., 2. Aufl.

Konzelmann, Gerhard: Der unheilige Krieg. Krisenherde im Nahen Osten. München: dtv 1988, 530 S.

Mottahedeh, Roy: Der Mantel des Propheten oder Das Leben eines persischen Mullah zwischen Religion und Politik, München: Beck 1988, 365 S., 2. Aufl.

Nasr, Seyyed Hussein: Islamic Life and Thought, London: Allen & Unwin 1981, 232 S.

Schimmel, Annemarie: Mystische Dimensionen des Islam. Die Geschichte des Sufismus. Zürich: Ex Libris 1988, 734 S.

Schuon, Frithjof: Le Soufisme voile et quintessence, Paris: Dervy 1980, 139 S.

Senocak, Kemaleddin: Islam, Idee und Lehre, München: Sur Islam-Verlag 1984, 144 S.

Sommer, Rudolf E.: Islam. Eine Religion auf dem Weg zur Revolution? Basel: Reinhardt 1981, 114 S.

Steiner, Rudolf: Die Polarität von Dauer und Entwicklung im Menschenleben (GA 184), Dornach 1983, 2. Aufl.

Waddy, Charis: The Muslim Mind, Harlow: Longman 1982, XVIII+216 S., 2nd ed.

Waldenfels, Hans [Hrsg.]: Lexikon der Religionen, Freiburg/Br.: Herder 1987

Sigismund von Gleich

Araber und Juden:
Ihre Ursprünge und ihre Aufgaben

Mit Spannung verfolgt die Welt seit langer Zeit den Fortgang der Ereignisse im Nahen Osten. Wenn Araber und Juden ihre historischen und religiösen Ansprüche erheben, dann ist das nur der Vordergrund dessen, was sich abspielt. Weil das große vorderasiatische Länderquadrat zwischen dem Roten und Schwarzen Meer, dem Mittelmeer und der Kaspisee den Vereinigungspunkt bildet zwischen Europa, Asien und Afrika und zudem reich an Ölquellen ist, mußte dies Gebiet zu einem Kreuzungspunkt der anglo-amerikanischen und russischen Interessen werden.

Es ist gewiß nicht zufällig, daß wir es vom 20. Jahrhundert nach Christus an recht plötzlich mit einem arabischen und israelitischen Nationalismus und seinem Gegensatz zu tun bekommen. Und ist nicht auffallend die Tatsache, daß im 20. Jahrhundert vor Christus jene Differenzierung der Semiten zu Juden und Arabern stattgefunden hat, die heute, nach vierzig Jahrhunderten, zu einer erbitterten Feindschaft geworden ist? Damals ist Abraham zuerst zum Stammvater der Ismaeliten oder Araber geworden (durch die ägyptische Sklavin Hagar), dann zu dem der Israeliten (durch seine Nichte Sarah aus Syrien). Damals wurde Ismael zugunsten des Isaak aus Palästina ausgestoßen. Heute wollen die Ismaeliten die Söhne des Isaak aus Palästina vertreiben.

Die Ismaeliten, damals nach dem Süden abgedrängt, machten sich zeitweilig zu Herren Ägyptens. Die Geschichte beschreibt sie als die Hirtenkönige oder Hyksos, die den Kultus des Sonnengebers Typhon eingeführt haben. Joseph, der jüngste Sohn Isra-

37

els, wurde von arabischen Kaufleuten nach Ägypten verkauft und stieg zu höchsten Ehren auf. Dies wurde der Anlaß zur Einwanderung der Israelfamilie in Ägypten. Vierhundert Jahre später erfolgte der unfreiwillige Auszug der Kinder Israels unter Moses, dessen Nachfolger Josua-Jesus das Land Kanaan erobert hat. Tausend Jahre später aber wurden die mohammedanischen Araber die Herren des Landes und blieben es mehr als tausend Jahre lang.

Als Ismaeliten dürfen wir nur einen Teil der Araber kennzeichnen, nämlich die mehr nördlich wohnenden und geschichtlich jüngere Gruppe. Auf eine viel ältere Gruppe weisen die Stammessagen der alten Sabäer, deren Geschichte noch so wenig bekannt ist.

Im Orient spielen die Generationsüberlieferungen eine sehr große Rolle. In den ältesten Zeiten beruhten sie auf dem hellseherischen Ahnengedächtnis. So auch die Angaben der «Völkertafel» der Genesis (Kap. 10). Als ein Stammvater der älteren Araber wird Joktan (Kachtan) genannt. Auf ihn folgte in der dritten Generation Saba, nach dem die Sabäer benannt sind, in der vierten Himjar, nach welchem deren Königsdynastie benannt war. Als der sechzehnte nach Joktan wird Duanas genannt, den man mit dem arabischen Dionysos in Zusammenhang gebracht hat. Die fünfundzwanzigste Generation ist Bilkis, die sagenumwobene «Königin von Saba». Als Zeitgenossin von Hieram und Salomo mögen wir sie auf die Zeit um 1000 v. Chr. ansetzen.

Rechnet man auf die zweiundvierzig Generationen von Abraham bis zu Jesus rund zweitausend Jahre, dann hat man durchschnittlich beinahe fünfzig Jahre für jede Generation anzusetzen. Rechnet man dementsprechend von der Bilkis um fünfundzwanzig Generationen zurück, so käme man noch weit in Zeiten vor Abraham.

Betrachten wir nun aber den Stammvater der «Joktaniden», jenen Kachtan oder Joktan! Er wird der Sohn des «reinen Sehers Hud» genannt. Hud aber gilt als der Sohn des Abir oder, nach anderer Überlieferung, als Sohn des Salith oder Saleh. Hiermit aber kommen wir in Wirklichkeit zu den Patriarchen, welche die Bibel vor Abraham aufzählt als seine «Vorfahren»! Denn Abir ist Eber oder Heber, und Saleh ist Salah. Als Vorväter des Abraham aber nennt die Bibel: Sem, Arphachsad, Salah, Heber, Peleg, Regu, Serug, Tarah, dann Abraham. Ferner vermeldet das Alte Testament, Heber habe zwei Söhne gehabt, Peleg und – Joktan. Das ist der Stammvater jener Araber, «Peleg» bedeutet «Zerteilung, Zersplitterung». Das weist auf die Gabelung, auf die Zerteilung des Generationsstroms. Joktan, den die Araber den Sohnessohn des Abir-Heber nennen, ist eben doch der Sohn des Heber. Und Hud ist wohl nur eine besondere Bezeichnung für diesen Heber. Solches kommt in alten Zeiten oft vor.

Diese kurze Übersicht läßt uns erkennen: Schon lange vor Abraham hat sich eine Verzweigung des Semitentums so vollzogen, daß hieraus einerseits Abrahamiten und andererseits Araber entstanden. Die Joktaniden sind also ebenso «Hebräer», Heber-Söhne, wie die Ismaeliten Abraham-Söhne sind.

Sem, Ham und Japhet

Wie aber steht es mit der Geschichtlichkeit jener Patriarchen zwischen Sem, dem Sohne Noahs, und Abraham? Ganz gewiß weisen jene Namen auch auf große Ahnenpersönlichkeiten und Geistesführer hin. Aber zugleich bezeichnen jene Namen vor Abraham große Generationsgruppen von Menschen, die sich alle durch das hellseherische Bluts- und Ahnengedächtnis der Urzeiten als eine gewisse Einheit erlebt haben. Diesen bedeutsamen Schlüssel zur Urgeschichte verdanken wir Rudolf Steiner. Sem, Ham und Japhet – sie weisen auf drei große Hauptströme derjenigen Menschheit, die sich von der Atlantis ostwärts nach Asien begeben hat zur Keimlegung neuer Entwicklungen. Da kommen wir also in durchaus prähistorische Zeiten.

Als die atlantische Menschheitsentwicklung überreif geworden war, wurden aus verschiedenen Gebieten Bevölkerungsgruppen nach dem Osten weggeführt. Aus der Mittel- und Südatlantis wurden sie auf einem südlichen Wege durch Nordafrika geleitet. Die eine kam auf diesem Wege bis Abessinien und Indien, eine andere über Vorderasien bis in die Gebiete östlich des Kaspischen Meeres. Diese stieß dann noch weiter nordwärts vor und besetzte den Raum zwischen dem Ural und Altai-Gebirge. Dort entstand aus atlantischen Urturaniern als die letzte «atlantische» Rasse die mongolische samt den turanischen Völkerzweigen. Weil sie alle Sprachen einer und derselben Sprachfamilie sprechen, nennt man die weit nach Westen und Osten ausschwärmenden Turano-Mongolen der ausgehenden Eiszeit die Ural-Altaier. Die Steinzeitwissenschaft kennt sie als die Verbreiter derjenigen Gebrauchsgegenstände, die nicht aus Steinen, sondern aus Knochen verfertigt worden sind. Die Eskimos sind in Grönland die äußerste nordöstliche Verzweigung dieser Menschheitsgruppe geworden. Sie kamen über Nordostsibirien und Nordamerika nach Grönland und üben noch heute jene Eiszeitkunst der «Knochenkultur» aus! Die nach dem Westen ausgeschwärmten Teile kann man mehr Turanier nennen. Es sind die Turkvölker in Russisch- und Chinesisch-Turkistan und viele, viele andere Verzweigungen.

Aus der Nordatlantis dagegen wurden keine farbigen Völkergruppen ostwärts geführt, vielmehr der Kern der künftigen weißen Menschheit. Von dort kamen diese Menschengruppen über Skandinavien quer durch Rußland bis zum Kaukasus, wo sie sich endgültig zur «kaukasischen» Rasse bildeten. Aber im weiteren Verlauf stießen Teile bis nach Iran und Indien vor, die man dann als die Irano- und Indoarier kennt. Sprachlich handelt es sich hier um die Familie der werdenden Indogermanen. Einige ihrer Verzweigungen in Vorderasien kennt die Bibel unter dem Namen der Japhetiten. Die Hamiten haben wir in Nordafrika und teilweise auch in Arabien zu suchen – als eine allerälteste Bevölkerungsschicht.

Fassen wir hier den Zusammenstoß und das Sichüberkreuzen der nördlichen und südlichen Völkerströmung südlich des Kaukasus beziehungsweise des Kaspimeeres ins Auge! (Die Kaspisee gab es unmittelbar nach der Eiszeit vermutlich noch nicht.) Dort ist die uralte, vielumstrittene Grenze von Iran und Turan, das heißt zwischen dem mongolischen Asien und dem Indoeuropäertum. Dort, zu Teheran, sind sich begegnet Stalin, Roosevelt und Churchill, die Vertreter des Angelsachsentums, Osten und Westen, Asien und Europa.

In uralter Zeit ist dort ein Völkerwirbel entstanden durch das Aufeinandertreffen der südlichen und nördlichen Strömung. Hieraus entstand unter anderem der jahrhundertelang während Krieg der iranischen Zarathustra-Bekenner gegen die magisch-schamanisch geführten Turanier im Norden. Aber im Zusammenhang damit ist auch das Hebräer- und Judentum entstanden.

Aus der Berührung zwischen diesen Völkerelementen begreifen wir nicht bloß die Herkunft zahlreicher ural-altaischer Lehnwörter in den indogermanischen Sprachen, sondern vor allem auch die höchst frappante Verwandtschaft zwischen der Religionsoffenbarung und Gesetzgebung der Juden einerseits und der Chinesen andererseits. Vielleicht ist hieraus sogar die Andersartigkeit der Chinesen gegenüber allen übrigen mongolischen Stämmen zu erklären. Zeigen doch die Chinesen von allem Anfang an höhere Kulturanlagen als ihre asiatischen Schwestervölker.

Die Patriarchennamen vor Abraham verweisen uns auf die geographischen Gebiete, in welchen sich die Herausbildung des Hebräertums abgespielt hat. Arphachsad ist identisch mit Arapachitis, dem alten Namen einer armenischen Provinz zwischen dem Urmia- und Wansee, an der Grenze von Aserbeidschan. Weiter östlich liegt die uralte Stadt Rai, Rhagae oder Ragan. Hiermit ist der Patriarchenname Regu identisch. Es ist dies die heutige Stadt Teheran! Serug und Peleg sind andere Versionen der altsyrischen Stadtnamen Batnae und Phaliga, am oberen

Euphrat. Die Bewohner von Syrien, die Aramäer, tragen ihren Namen vom Stammvater Aram, einem Bruder des Arphachsad. Die Namen der weiteren Söhne des Sem weisen auf die alten Elamiter, Assyrier und Lydier. Damit haben wir die gesamte Familie der semitischen Völker außer den Israeliten und Arabern. Der Sohn des Arphachsad heißt Salah. Das heißt «Auswanderung», «Entsendung». Mit ihm begann wohl eine neue Völkermischung.

Die Herausbildung des Hebräischen

Durch eine gewisse Veredelung des Turaniertums ist dann das hebräische Volk herausgebildet worden. Im Turaniertum hatte sich in hohem Grade erhalten das uralte Erbe der atlantischen Menschheit, die magische Blutshellsichtigkeit, das Kollektivbewußtsein, das ichlose Weltbewußtsein. Aber es war dekadent geworden und vielfach zu einem Verkehr mit dem Dämonischen entartet. Denn das rechte Zeitalter für die Blutshellsichtigkeit war nun abgelaufen.

In den klassischen Zeiten der atlantischen Kultur war der Mensch mit seinem instinktiv-magischen Weltbewußtsein völlig in das Leben des Großen Geistes und seines Weltgesetzes (Tao) eingeschaltet. Die Urbedeutung des chinesischen Wortes «Tao» ist: Lauf, Gang. Gemeint sind der Jahreszeitenkreislauf und die Wandlungen des Menschen- und Naturseins im wechselnden Untertauchen in die warmlichten Himmelskräfte (Yang) und die dunkelkalten Erdenkräfte (Yin). Der mexikanische Gott Taotl erinnert ebenfalls an die atlantische Tao-Weisheit. Die Geheimnisse des Weltenumkreises erlebte man im Umschwung des Tao. Das taoistische Weisheitsbuch der «Wandlungen» (I-King) beruht auf diesen Überlieferungen.

Jene Veredelung des Turaniertums, die zur Entstehung des Hebräertums geführt hat, bedeutet zugleich, daß durch Einschläge aus der zum Ichbewußtsein veranlagten weißen Menschheit die makrokosmischen Tao-Kräfte zentriert worden und zu mikrokosmischen Blutsgesetzen geworden sind. Hinfort wurden diese der Dekadenz anheimgegebenen Kräfte positiv als organaufbauende Kräfte verwendet, die im Blute, in der Fortpflanzung, aber auch am Aufbau der Gehirnorganisation wirkten. Was in der Traumhaftigkeit der Naturhellsichtigkeit dem Verderben anheimfiel, wurde durch eine radikale Umkehrung und Verwandlung, durch Konzentrierung nach dem Innerlich-Organischen zu in positive, zukunftstragende Impulse verwandelt. Was als Tao den makrokosmischen Umkreis umfaßt hatte, wurde so zum Iao, zum Erleben des Gottes im Ich. Aus T-AO wurde I-AO oder Jehovah. Denn diese beiden Namen sind identisch.

Hier sehen wir die weise Hand des Zarathustra am Werke. Nehmen wir Noah als den Vertreter der aus der Atlantis zur nachatlantischen Menschheit sich entwickelnden Zeit (um 7000 v. Chr.), dann haben wir die neun bis zehn Patriarchen zwischen ihm und Abraham auf rund fünftausend Jahre zu verteilen. Wir kommen auf diese Weise in die Zeit um fünftausend v. Chr., wenn wir auf Heber blicken, mit dem das Hebräertum begann. Das ist der Zeitpunkt, in welchem Zarathustra das Zwillingszeitalter inaugurierte. Er aber ist es, der allzeit den rechten Fortgang der Geschichte in der Kontinuität der Zeitenimpulse wacht. Da trachtet er zu verhindern, daß die Doppelform des Bösen entsteht, die blendend-verführerische und die starr-finstere, indem er Sorge dafür trägt, daß Vergangenheitselemente sich nicht hemmend Neuentstehendem entgegenstellen und daß nicht verfrühte Zukunftsimpulse gegen alle geschichtliche Kontinuität das Vergangene als unbrauchbar verkommen lassen.

Auch das Chinesentum und seine Weisheitsoffenbarung müssen wir im Zusammenhang mit jener Vermischung der Prinzipien der gelben und weißen Rasse, der ichbewußten und welthellsichtigen, verstehen. Es wurden dadurch die Chinesen gleichsam zum anderen Pol der Semiten. Beide haben vieles miteinander gemein, vor allem eine große Anlage für das Rechnerische, für das Zahlen- und Handelswesen, für den Mathematismus.

Auch ihre Gesetzgebung hat verwandtschaftliche Punkte. Hierauf hat auch Dr. Leo Baeck, früher Oberrabbiner in Berlin, aufmerksam gemacht: «Es fehlte nicht an solchen, die Konfutse mit Moses verglichen haben. Aber gerade die scheinbaren Übereinstimmungen zwischen beiden zeigen deutlich, wie groß die Unterschiede sind. Die Zielsetzung der chinesischen Gesetzgebung war, die Welt so bleiben zu lassen, wie sie ist; die jüdische jedoch ist ein unstillbares Sehnen, auf einem Weg immer weiter und weiter zu schreiten.» Das ist sehr richtig gesehen. Der Judaismus ist durch seine dynamisch-historische Zukunftsgerichtetheit gekennzeichnet, das Chinesentum durch seine höchste Schätzung der Vergangenheit und seine ahistorische Stagnation. Und doch sind Verwandtschaften unleugbar. Ist es nicht höchst bezeichnend, daß uns Laotse einen Namen des unerforschlichen Gottes mitteilt, der völlig identisch ist mit dem Gottesnamen Israels: Er lautet I-Hi-Wei! Das ist nichts anderes als Je-Ho-Wah.

Es muß eine Zeit gegeben haben, wo durch eine Überkreuzung jener zwei Elemente das Chinesentum gleichsam als der Zwilling des Hebräertums eben in jenen Gebieten entstanden ist. Der Ursprung des Chinesentums wird im Nordwesten Chinas gesucht, also in der Richtung von Turkestan. Die polare Gegensätzlichkeit beider Volkstümer könnte man als ein Überwiegen des iranischen beziehungsweise des turanischen Elementes bei Hebräern und Chinesen kennzeichnen.

Daß sich diese Evolution im Zusammenhang mit dem Ur-persertum abgespielt hat, dessen Schauplatz Nordostpersien ge-wesen ist, scheint aus der Ähnlichkeit der iranischen und chinesi-schen Weisheitsoffenbarung hervorzugehen. Beide sehen im Weltenumkreis und Kreislauf des Geschehens zwei Mächte mit-einander ringen, die lichte Sonnenhimmelsmacht und die fin-stere Erdenstoffesmacht, Ormuzd beziehungsweise Yang und Ahriman beziehungsweise Yin, die jedoch beide in einer höheren Einheit vereinigt sind, in Zeruana Akarana, der kontinuierlichen Zeit, beziehungsweise Tao, dem Zeitenlauf. Und doch, wie ent-gegengesetzt sind die Lebensanschauungen, die hiermit gepaart gingen in China und Persien! Der Zarathustrianismus ist aktiv-schaffend, auf Höherentwicklung in der Zukunft gerichtet; der Taoismus ist quietistisch-passiv und hält das Alleräleste für das Vollkommenste. Aber heute erwacht auch China aus dem Ver-gangenheitstraum.

Durch die zweimalige Spaltung des Hebräer- und Abrahami-tentums sind Israeliten und Araber entstanden. Zunächst sind die Israeliten, von denen sich die Araber abgezweigt haben, in geradliniger Entwicklung zu kräftigsten Impulsatoren der aktiv-dynamischen, fortschrittlichen, zur Ichbewußtheit hinführenden Evolution geworden.

Die hatte das Christentum vorzubereiten. Die Araber dagegen wurden zweimal, als die Hyksos und unter den Nachfolgern Mohammeds, zu entschiedensten und gefährlichsten Gegnern der Sonnenreligion!

Heute aber, ebenso viele Jahrhunderte nach Christus, wie Israel und Ismael vor Christus gelebt haben, treten auch die Araber (ähnlich wie die Chinesen) als Träger moderner Bewußt-seinsströmungen weltgeschichtlich auf den Plan. Die Zukunft wird entscheiden, welcher von beiden Zweigen ein und desselben Stammes sich zum Träger jener weiteren Ausreifung des Ichbe-wußtseins machen wird, die sich nicht im Irdisch-Leiblichen verhärten darf, sondern im Erkennen vergeistigen muß. In diese

Entscheidung werden mit einbezogen sein der Kollektivismus Asiens und der Individualismus des Westens, die beide in tiefe Krisen geraten sind.

Welches der beiden Völker wird Vergangenes in rechter Art in Zukunftsträchtiges überführen? Im Augenblick will es uns scheinen, als ob der Zionismus sich von verführerischen Bildern nationaler Vergangenheit blenden ließe und als ob der Arabismus blindlings die Zukunft für sich erobern möchte. Beiden Bewegungen Vorderasiens fehlt es am rechten weltgeschichtlichen Gleichgewicht.

F. *Herbert Hillringhaus*

Der Islam im Aufbruch

«Staunend, ja erschreckt erlebt der Westen die neue Faszination und Stoßkraft des Islam.» Mit solchen und ähnlichen Worten berichten heute die Korrespondenten der Massenmedien über die atemberaubenden Ereignisse, die sich gegenwärtig im Iran abspielen. Der Thron des Schahs, aufgebaut auf einem gewaltigen Ölreichtum und gegründet auf eine starke militärische Macht, ist über Nacht ins Wanken geraten. Diejenigen, die dies bewirkten, sind die fünfzigtausend Mullahs, die unter der Fahne des Propheten die Gläubigen zum Kampf gegen das im Schah sich verkörpernde Böse aufgerufen haben. Der wahre Gegenspieler des Schahs ist heute der schiitische Würdenträger Ayatollah Khomeiny, der zwar seit langen Jahren im Exil lebt, der aber für die Masse der iranischen Bevölkerung zur alleinigen Autorität geworden ist. Kein Zweifel, Vertrauen hat heute die persische Bevölkerung nur zu ihren Geistlichen, die durch ihr Leben und Wirken die moralische Qualifikation des Islam unter Beweis stellen. Und eben nach einer solchen, das soziale Leben wieder durchdringenden und tragenden moralischen Kraft sucht die Bevölkerung, die von den Auswirkungen einer mit äußerer Macht herbeigeführten Verwestlichung ihrer Lebensformen aufs tiefste enttäuscht wurde.

Will man verstehen, was sich heute in fast allen moslemischen Ländern vollzieht – der Iran ist dafür nur ein aktuelles Beispiel –, dann muß man diesen Tatbestand ins Auge fassen. Fast alle moslemischen Länder sind erst mit dem Ende des 19. Jahrhunderts in die Gegenwart eingetreten. In den Jahrhunderten vorher wurden ihre sozialen Lebensformen durch die Tatsache bestimmt, daß der Koran die moralischen Leitlinien für das soziale

Zusammenleben und die Stellung des einzelnen in ihm als göttliches Gesetz bindend vorschrieb. Die sich in ihm niederschlagenden Offenbarungen Allahs sind die bestimmenden Wahrheiten, denen sich der Mensch unterzuordnen hat und die er aus der Kraft des Glaubens heraus im irdischen Leben zu verwirklichen aufgerufen ist. Der Mensch und die menschliche Gesellschaft finden also die Maximen ihres individuellen und sozialen Handelns nicht aus der eigenen Einsicht heraus, sondern empfangen sie als Gebote einer göttlichen Allmacht, die ihnen, wenn sie hier auf Erden sich diesen Geboten verpflichtet fühlen, nach dem Tode ein paradiesisches Leben in Aussicht stellt, in welchem die Wunschnatur des Menschen ihre volle Erfüllung findet. Das, was den Mohammedanismus auszeichnet, ist die Tatsache, daß er den Gang zur Individuation, so wie ihn das christliche Abendland vollzog, nicht mitgemacht hat und deshalb die harte Strenge des Gesetzes aufbieten mußte, um mit der unbeherrschten Wunschnatur des Menschen fertig zu werden. Deshalb hat der Mohammedanismus kein Verständnis dafür, die Gestaltung des sozialen Lebens hier auf Erden dem Ich des Menschen zu überantworten, in der Hoffnung, daß dieses Ich die Wunschnatur des Menschen von sich aus zu bändigen weiß. Für den Mohammedanismus kann diese irdisch orientierte Wunschnatur nur dann nicht böse wirken, wenn sie in das feste Korsett göttlicher Gesetze eingeschnürt wird. Deshalb ist der Koran nicht eine Botschaft Gottes, die nur auf das Jenseits verweist, sondern er enthält eine Fülle von Verhaltensregeln, die aus dem Willen Allahs heraus im irdischen Leben einzuhalten sind. Die Kaaba, jener quadratisch gefügte steinerne Kubus, Zentrum des Heiligtums in Mekka, und der Halbmond als das Zeichen der Fahne des Propheten sind deshalb die für den Islam charakteristischen Symbole. Der Stein als Ausdruck einer durch klare geometrische Formen eingegrenzten irdischen Wunschnatur und der Halbmond als Zeichen dafür, daß die Weisheit der Offenbarungen von außen empfangen wird, so wie das Sonnenlicht sich im Monde spiegelt.

Wollte man ein Psychogramm des islamischen Menschen entwerfen, dann müßte man es unter dieser Dualität stehend sehen. Auf der einen Seite ein starkes, in der irdisch orientierten Wunschnatur des Menschen sich verwirklichendes Willensleben, das sich den strengen Ordnungen göttlicher Gebote unterordnen muß, und auf der anderen Seite ein Erkenntnisleben, das die göttlichen Wahrheiten nur von außen als Offenbarung empfangen kann. Was hier fehlt, ist dasjenige, was dann durch das Christentum als Zukunftsideal in die Welt gekommen ist, nämlich das sich in der Liebe offenbarende und sich seiner Göttlichkeit bewußt werdende Ich.

Fragt man sich nun, warum es gerade in unserer Zeit wiederum zu einem neuen Aufbruch des Islam gekommen ist, dann muß man wohl die tieferen Gründe dafür in der Enttäuschung des islamischen Menschen sehen, die sich aus der Berührung mit dem, was als Zivilisationsimpulse vom sogenannten christlichen Abendland an ihn herangetragen wurde, ergeben hat. Denn in dieser westlichen Zivilisation, so wie sie sich im 20. Jahrhundert herausgebildet hat, lebt nichts mehr von den Verheißungen des Christentums, obgleich rein äußerlich diese Zivilisation darauf Anspruch erhebt, sondern hier ist alles hineingeronnen in einen geistigen Materialismus, der das Ich sich nur noch in der Sphäre des Egoismus entfalten läßt. Das, was der Moslem erwartete, nämlich das soziale Leben mit moralischen Kräften zu durchdringen, kam ihm aus dieser westlichen Zivilisation nicht entgegen. Er erlebte nur, daß alle alten sozialen Bindungen durch diesen westlichen Materialismus zerstört wurden, ohne daß etwas an ihre Stelle gesetzt wurde; er erlebte, daß an die Stelle einer sozialen Gerechtigkeit die wirtschaftliche Ausbeutung trat und an die Stelle einer die Gemeinschaft verpflichtenden Brüderlichkeit der Egoismus als Inaugurator des Kampfes aller gegen alle.

Dieses Erleben ist es, was heute die Mullahs aufgerufen hat, die Wahrheiten des Korans gegen den zerstörerischen Atheismus des Westens zu verteidigen. Und daß nun die Massen in einer solch großen Zahl ihrem Aufruf folgten, zeigt, daß sie sich in ihren eigenen seelischen Reaktionen bestätigt fühlen. Es ist eine äußerliche Interpretation, wenn man heute von einem überall aufflackernden Fremdenhaß in der moslemischen Welt spricht. Was sich hier äußert, ist die Enttäuschung an der westlichen Zivilisation, der der Islam nun aber hier nichts anderes entgegensetzen kann als eine Rückkehr zu jenen Kräften, aus denen seine Vergangenheit geprägt wurde.

Aber wird ein solcher Weg für den Islam gangbar sein? Wird der Koran die sozialen Probleme, die mit dem modernen Industrialismus heraufgekommen sind, moralisch meistern können? Auf diese Frage werden die geistlichen Würdenträger, die heute an der Spitze der Reislamisierung stehen, eine Antwort zu geben haben. Denn eine bloße Rückkehr in das Mittelalter würde ganz gewiß bei den Gläubigen zu einer noch größeren Enttäuschung führen. Eine Gruppe islamischer Gelehrter versucht deshalb als Weg in die Gegenwart eine Brücke zum Sozialismus zu schlagen. Man bemüht sich um die Herausarbeitung eines islamischen Sozialismus, mit Hilfe dessen die Probleme, die das wirtschaftlich-technische Leben des 20. Jahrhunderts stellt, bewältigt werden sollen, und beruft sich dabei auf jene Aussage des Korans, die davon spricht, daß alle Moslems Brüder seien. Nun ist in der Tat das Prinzip einer brüderlichen sozialen Gerechtigkeit als Grundlage des gesellschaftlichen Zusammenlebens im Koran veranlagt, aber es bezieht sich dies eben auf Lebensformen, die einer vorindustriellen Welt zugehören und die deshalb in einer ganz neuen Weise transportiert werden müssen. Doch gerade dies wird nicht gehen, wenn man den Weg der Individuation, den die Menschheit in den letzten Jahrhunderten genommen hat, auch für die Zukunft ausschalten will. Daran ist ja praktisch auch der Sozialismus im Abendland gescheitert.

Nun wird aber der Aufbruch des Islam, der sich ja aus der Antihaltung gegenüber der westlichen Zivilisation entwickelt, nicht aufzuhalten sein. Und unter der grünen Fahne des Propheten werden sich die vielen hundert Millionen Moslems zu einer neuen Stoßkraft vereinen. Denn dies gilt nicht nur für den Iran, sondern auch für alle arabischen Staaten, gilt für die Türkei, gilt für Pakistan und gilt schließlich für jene einhundertzwanzig Millionen Moslems, die in Indonesien leben. Überall stehen wir in diesen Staaten vor der Tatsache, daß die Kräfte einer Reislamisierung an Stärke gewinnen und dabei sind, auch die politische Gewalt zu übernehmen. Dies allerdings würde dann aber nur unter dem Leitbild eines islamischen Sozialismus möglich sein, der damit zu einer gesellschaftlichen Lebensform werden würde, die durch eine strenge Religiosität das soziale Leben im Sinne einer gebothaften Gerechtigkeit zu prägen sich bemühen würde, in der aber das freie menschliche Ich keinen Platz besitzen würde.

Wird aber einer solchen neuen islamischen Stoßkraft gegenüber das sogenannte christliche Abendland widerstehen können? Zu dieser Frage fühlt man sich aufgerufen, wenn man mit wachem Bewußtsein zu verfolgen versucht, was sich heute abspielt. Noch mag wirtschaftliche Macht und militärische Stärke der westlichen Zivilisation eine Vormachtstellung einräumen, aber wird dies genug sein, um jenen Kräften widerstehen zu können, die dann mit der Glut eines religiösen Fanatismus in das Weltgeschehen eingreifen werden? Der Aufbruch des Islam sollte deshalb vom christlichen Abendland als eine Aufforderung begriffen werden, nun selbst einmal Ernst zu machen mit dem, was ihm durch das Wirken des Christus-Impulses als soziale Aufgabe übertragen wurde. Eine solche Besinnung auf das Wesentliche seiner Mission kann allein die Kraft geben, dem islamischen Ansturm zu widerstehen.

Hans Mändl

Über den Ratgeber Harun al Raschids

Der Kalifenhof in Bagdad versammelte zur Zeit Harun al Raschids bekanntlich eine so große Anzahl leuchtender Persönlichkeiten, wie es nie zuvor in der Weltgeschichte der Fall gewesen ist und vielleicht auch nie mehr später. Ein arabischer Schriftsteller zählt die leuchtenden Namen auf – als ersten nennt er den Kadi Haruns. Sein Name war Abu Jusuf. Dann folgen «sein» Dichter Merwan, «sein» Musiker Ibrahim, «der Einzigartige» (eine dämonische Paganini-Gestalt), und seine Gattin Zubeida, «die Erste bei allem Guten und Großen». Damals traf ja die Blüte arabischer Wissenschaft ein, und die Bekanntschaft mit Aristoteles, mit Euklid und Ptolomäus erweckte die arabische Astronomie, Medizin, Geschichtsschreibung, Mathematik, Grammatik, Philosophie zu jenem Leben, welches ein halbes Jahrtausend lang die Kultur unserer Welt mächtig beeinflußt hat. Abu Jusuf hatte daran hervorragenden Anteil.

Von ihm ist eine staatswissenschaftliche Denkschrift für den Kalifen erhalten, welche der kürzlich in Stockholm verstorbene Professor Wilhelm Riedel – er beherrschte viele orientalische Sprachen, las fließend Keilschrift und so weiter – erstmals übersetzt, kommentiert und eingeleitet hat. Von Abu Jusuf schreibt er, daß er eigentlich Jakob hieß, aber gemäß damaliger arabischer Sitte nach seinem ältesten Sohne Josef genannt wurde – so bestimmend für die Persönlichkeit des Arabers war dessen Nachkommenschaft. Abu Jusuf stammte aus edlem Geschlecht; sein Vater starb jedoch früh und ließ die Familie in Armut zurück. Die Witwe schickte ihren Sohn in die Lehre zu einem Tuchwalker, doch jener verließ das Haus seines Lehrmeisters und begab sich ins Auditorium des gelehrten Abu Hanifa. Immer wieder mußte die Mutter den entlaufenen Sohn zu seinem Walker zurückbringen, und so redete sie schließlich einmal den Gelehrten mit den Worten an: «Du allein bist schuld an dem Verderben meines Sohnes. Ist er doch ein Waisenkind, bar aller Mittel. Ich ziehe ihn mit dem Erwerb meiner Spindel auf, doch soll er nun bald sein Stücklein trockenes Brot selbst verdienen können.» Doch Abu Hanifa antwortete: «Geh heim, alte Plaudertasche. Dein Sohn lernt bei mir Mandelteig mit Pistazienöl essen!» – «Du hast deinen Verstand verloren, alter Geck!» sagte die Alte und wandte ihm den Rücken. Abu Hanifa aber forderte seinen lernbegierigen Schüler auf, regelmäßig bei ihm das Kolleg zu hören, gab ihm eine Börse mit hundert Drachmen und trug ihm auf, es zu melden, wenn das Geld zu Ende sei. Abu Jusuf wurde sein bedeutendster Schüler. Als er einst erkrankte, besuchte ihn sein Lehrer mit einigen Schülern und äußerte beim Fortgehen: «Wenn dieser Jüngling sterben sollte, so würde der Gelehrteste von uns allen dahin sein.» Abu Jusuf verfaßte später ein Kompendium nach dem System seines Lehrers, wodurch dessen Lehre sich über die ganze mohammedanische Welt verbreitete, so daß man sagte: Wenn Abu Jusuf nicht gewesen wäre, so hätte niemand je etwas von Abu Hanifa gehört. Die Richtung der Hanifiten wurde jedoch die maßgebende im ganzen Reiche und galt bis spät in die türkische Ära.

Abu Jusuf wurde Richter in der Hauptstadt Bagdad. Als solcher trug er den Titel: «Richter der Welt», denn vor sein Tribunal wurden Streitfälle aus dem ganzen Reiche gebracht. Noch heute, so schreibt Riedel, sind Anekdoten über diesen berühmtesten Kadi des Orients im Umlauf, die ihn als einen raffinierten Rabulisten zeigen.

Was beinhaltet es, daß man hinfort von Harun al Raschid und «seinem Kadi» sprechen konnte? – Zur Beantwortung dieser Frage muß der Grundzug mohammedanischer Herrschaft kurz geschildert werden.

Die Stellung des Kalifs war eine religiöse. Er war Stellvertreter

Mohammeds und religiöses Oberhaupt. Nur deshalb war er auch Staatsoberhaupt. Es waltete also Theokratie. – Mohammed war ursprünglich nur Bußprediger; gerade aus religiösen Gründen mußte er aber auch politischer Herrscher werden, und die religiöse Gemeinschaft wurde so zu einer staatlichen. Letztere ruhte ganz auf dem Koran. Religion und Recht waren hier identisch, wie es während der ganzen ägyptisch-babylonischen Kulturepoche allüberall der Fall war. Auch die mosaische ist ja eine Gesetzesreligion, ihre Gebote und Verbote, welche Staatsrecht, Zivil- und Strafrecht regeln, sind göttliche Gesetze. Das Wort Islam bedeutet «Ergebung». Der Islam verlangt unbedingte Ergebung in den Willen Gottes. Dieser ist in den Geboten und Verboten des Korans ausgedrückt. Sie sind unveränderlich.

Läßt sich der Wille Gottes für einen Fall nicht aus dem Koran erforschen, so gilt als eine zweite Rechtsquelle das Leben Mohammeds, denn auch dieses wird als eine Offenbarung Allahs angesehen. Nicht nur seine Entscheidungen als Richter, sondern sein ganzes Verhalten im öffentlichen wie im privaten Leben wurden Norm für den Gläubigen. Die Gesamtheit dieser Überlieferung heißt Sunna, jede einzelne Erzählung aus der Tradition heißt Hadith. Sie wurde mündlich überliefert, auswendig gelernt und bei Aufzählung mußten auch die Namen aller Überlieferer genannt werden. So heißt es zum Beispiel in der Einleitung zu der genannten Denkschrift: Abu Jusuf sagte: Es überlieferte mir El-Fudeil ibn Marzuk von Attija ibn Sad von Abu Said: Der Gottgesandte sagte: Zu denjenigen, die mir am Auferstehungstage am liebsten sind und am nächsten sind, gehört ein gerechter Fürst. Ein ungerechter Fürst dagegen ist mir am Tage der Auferstehung der Verhaßteste und derjenige, der am härtesten bestraft wird. – Oder: Abu Jusuf sagte: Es überlieferte mir Amam von Abu Salich von Abu Hureira, er sagte: Der Gottgesandte sagte: Wer mir gehorcht, gehorcht Gott, und wer dem Imam (Oberheit) gehorcht, gehorcht mir. Wer aber mir ungehorsam ist, der ist Gott ungehorsam, und wer dem Imam ungehorsam ist, der ist mir ungehorsam. – Das Gedächtnis des Abu Jusuf soll so vorzüglich gewesen sein, daß er bei einem Traditionslehrer fünfzig oder sechzig Traditionen auf einmal hören, aufstehen und sie als Überlieferer andern Schülern genau weitergeben konnte. – Er hörte in seiner Jugend Traditionswissenschaft bei neun Traditionisten.

Wenn Koran und Sunna keine Auskunft geben, wird als dritte Rechtsquelle die Überlieferung der «Genossen» Mohammeds, besonders seiner ersten Stellvertreter, herangezogen, das heißt das, worin sämtliche Genossen einig sind, denn Mohammed sagte: In einem Irrtum kann meine Gemeinde nicht einig sein. – Der Geschichtsschreiber Ibn al Athie hat ein Verzeichnis von siebentausendfünfhundert «Genossen» des Propheten zusammengestellt. Zu ihnen pilgerten die berufsmäßigen Überlieferer.

Nur wenn alle diese zehntausend Traditionen versagen, tritt als vierte Quelle (nach Abu Hanifa) die Raison, die Vernunft, arabisch: «Rai». Doch heißt es in Abu Jusufs Denkschrift: Wir folgen der Überlieferung und ziehen nicht mit der Vernunft Schlüsse, die ihr widersprechen.

Als Harun al Raschid im Jahre 786 mit fünfundzwanzig, vielleicht nur mit einundzwanzig Jahren zur Herrschaft kam, hatte er dieselbe also nach unzähligen festen religiös-juristischen Vorschriften auszuüben. Er bedurfte eines Theologen-Juristen, welcher ihn mit den jeweils anzuwendenden Regeln bekanntmachen konnte. Das war sein Oberrichter, «sein Kadi» Abu Jusuf. An ihn wendete er sich, um sich belehren zu lassen, schreibt Riedel. Die Stellung dieses Beraters war daher eine ungeheuer dominierende. Er äußerte sich nicht nur als Jurist, sein Urteil war Gottes Wort.

Die mehrfach erwähnte Denkschrift Abu Jusufs besteht daher aus einer Sammlung von Rechtsgutachten. Der Stil ist durchgehend der gleiche: «Du hast gefragt, Beherrscher der Gläubigen . . . Darauf sagte ich dir das Folgende.»

«Diese Schrift wurde zum klassischen Werke über das mohammedanische Staatsrecht. Ungezählte Juristengeschlechter haben es zu Füßen ihrer Lehrer auswendig lernen müssen», schreibt Professor Riedel.

Das ganze Dasein des Moslem ist geregelt durch das objektiv Gegebene: das Gesetz. Auch Wohltun ist religiöses Gesetz. Die Impulse des Handelns quellen beim Christen aus seinem eigenen Herzen (moralische Intuition), die Quelle seines Rechtes soll das eigene Rechtsgefühl (Naturrecht) sein. Ergebenheit und Freiheit sind die denkbar größten Gegensätze.

Sechs «Propheten» anerkennt der Islam: Adam, Noah, Abraham, Moses, Christus und Mohammed. Dieser ist der letzte, der Vollender. Die Offenbarung ist mit ihm für immer abgeschlossen.

Ein Jahrtausend lang versuchte der Islam immer wieder, Europa zu erobern. Von dem Araber-Einfall in Frankreich im Jahre 732 bis zur letzten Belagerung Wiens durch die Türken im Jahre 1683 geht eine Kette von harten Kämpfen zwischen Islam und Christentum.

Militärisch-politische Invasionen des Islam konnten immer wieder verhindert werden. Für die geistig-kulturelle Entfaltung Europas waren die Berührungen mit der Welt des Mohammedanismus trotzdem von großer und nachhaltiger Wirkung.

Wie für den Moslem die Offenbarung, die Mohammed empfangen, das «Gegebene» ist, welches passive Unterwerfung unter die Gesetze dieser Offenbarung fordert, so ist für jene Naturwissenschaft, welche einst Araber in Europa impulsierten, die Natur «das Gegebene», welches passive Unterwerfung unter die Naturgesetze fordert, in welchen Natur sich einzig für den forschenden Geist darzubieten schien. Unabänderlich das eine wie das andere. Fatalismus dort, Determinismus hier. Wenn im Morgenrot des naturwissenschaftlichen Zeitalters etwa der Begründer moderner Erziehungswissenschaft Komensky (Comenius) den Menschen in seiner Magna Didactica als Maschinerie beschreibt und seine Lehrmethode darauf ausgeht, «das Gegebene» in Natur und

Menschenwelt die Jugend exakt, aber passiv widerspiegeln zu lehren (sein pädagogisches Hauptwerk: «Orbus pictus» = die naturalistisch-gezeichnete Welt), so ist diese Gesinnung der Auftakt zu einer Musik, welche immer noch tonangebend weiterwirkt, während längst Goethe und Rudolf Steiner dem Menschengeist die Wege gewiesen haben, um in schöpferischer Freiheit mit den schaffenden Urbildern dieser Welt im Geiste sich zu verbinden. So kann der sich entwickelnde Mensch, über «das Gegebene» (das der Moslem in Ergebenheit hinnehmen muß) hinausgehend, zu dem Werdenden sich erheben und im Geiste als freies Ich Anteil haben am ewig fortschreitenden Leben unserer Welt.

Berthold Wulf

Aristoteles und die arabisch-islamische Hochkultur im Mittelalter

Die siebenhundertjährige Wiederkehr des Todestages eines so großen Geistes des Abendlandes wie Thomas von Aquin, dessen Lebenswerk Epoche für ein ganzes Zeitalter gemacht hat, mag es berechtigt erscheinen lassen, sich auf dieses Lebenswerk und seine unabsehbaren Folgen für den Gang der abendländischen Geistesgeschichte zu besinnen. Die Einsicht, daß die Wurzeln vieler Probleme der Gegenwart in vergangenen Jahrhunderten zu finden sind, wird immer mehr den ergreifen, der sich mit Geschichte beschäftigt. Der Zeitengang schreitet lebhaft voran, und mit ihm schreiten die großen Geistpersönlichkeiten, die wegweisend wirken. Sie bringen Licht in das Zeitendunkel, indem sie über die Jahrhunderte hinweg wirken. Nicht abstrakte Ideen treiben die Weltgeschichte, sondern die Menschen mit ihren geistigen Impulsierungen. Um Thomas zu verstehen, muß man den Blick auf die griechische Geistesgeschichte lenken. Er fällt vor allem auf den Philosophen Aristoteles.

Als der große Lehrer der hochscholastischen Denker wurde nahezu ausschließlich Aristoteles angesehen. Man zitierte ihn unter Dominikanern und auch Franziskanern, unter den arabischen Gelehrten, wie man sich etwa heute auf die Bibel oder Goethe beruft. Man könnte die ganze Scholastik des Mittelalters als nichts anderes als einen einzigen Kommentar zu Aristoteles darstellen, und zwar einen grandiosen und heißumstrittenen Kommentar, der Jahrhunderte bewegte und noch bewegt.

Von Aristoteles ist unter vielen ein Werk unter dem Namen «Metaphysik» (etwa: das Physische und wie man das Physische vom Gedanken her begreift) überliefert, das gleich zu Anfang von einem nie dagewesenen Erkenntnisenthusiasmus spricht, der sich auf zwei Säulen stützt: auf die Sinnenwahrnehmung, vor allem die des Auges, und auf den allen Menschen eingeborenen edelsten seiner Triebe, den des Wissens. Damit wurde das Grundthema jeder folgenden Erkenntnistheorie der abendländischen Geistesgeschichte angeschlagen. In der «Metaphysik», die gleichzeitig auch so etwas ist wie eine erste Rechenschaft über den Gang der Philosophie überhaupt, eine erste Philosophiegeschichte, wurde der Morgentraum der griechischen Mythologie ausgeträumt, und das europäische Wachbewußtsein erlebte seine erste vollwache Morgenfrühe.

Dies ist der Gipfel vorchristlich philosophischen Wachseins, wurde auch immer so empfunden, ein Wachsein, das die von Asien herüberkommenden träumenden mythologischen Geistesinhalte ablöst und dadurch alte Götterweisheit durch Menschenwissen nicht nur ersetzt, sondern auch den Gang der menschlichen Entwicklung zu sich selbst erst voll ermöglicht.

Die aristotelische Weisheit und die Methode, Wissen zu erlangen, wurden fast tausend Jahre in Athen am Lykeion gelehrt. Man hat das Gefühl, daß die griechische Geisteskultur fast ein Jahrtausend brauchte, um das Auge durch den Wissenstrieb in der Raumes- und in der Zeitwelt zu orientieren. Dann wird die Philosophenschule auf Befehl des oströmischen christlichen Kaisers Justinian I., eines Bauernsohnes aus Illyrien, im Jahre 529 n. Chr. geschlossen, und ihre Lehrer werden vertrieben. Die letzten sieben griechischen Weisen wandern in den persischen Osten nach Gondishapur. So wurde Griechenland christlich.

Diese hohe griechische Geistlichkeit gelangte zum Bewußtsein ihrer selbst eigentlich nur durch die Kraft eines Menschen. Das Lykeion war die erste Universität der Welt, und er, Aristoteles, war diese Universität eigentlich ganz allein! Als die Schule geschlossen wurde, teilte sich diese große Gedankenimpulsierung. Ein Teil, die mehr auf die menschliche Erkenntnistätigkeit gerichtete Weisheit, die logischen und metaphysischen Schriften, wurde durch Theophrastus, einen Schüler des Aristoteles, nach Rom gebracht, ins Lateinische übersetzt und bildete als «Organon» eine der geistigen Grundlagen des christlichen Mittelalters. Sie gelangten nach Paris, getragen durch die esoterische Tradition derjenigen Schule, die sich auf den Apostelschüler Dionysius Areopagita beruft. Dort werden sie zur Grundlage des Lehrgutes der scholastischen Dominikaner. Diese Weisheit war wenig oder gar nicht auf die Natur gerichtet. Ein anderer Teil der aristotelischen Gedankenweisheit, im wesentlichen die naturbeschreibenden Schriften, gelangte in das hellenistische Weltreich des Ostens, auf den Wegen der letzten sieben griechischen Weisen, und wurde in der Alexander- und Diadochenzeit ins Hebräische und Syrische übersetzt. Im Zusammenhang mit dem schnell sich entfaltenden Arabismus entwickelte sich auf der Grundlage dieses Teiles des Aristotelismus am Hofe Harun al Raschids in Bagdad in rascher Blüte eine hohe Kultur der Mathematik, Musik, Astronomie usw. Die Schriften des Aristoteles waren in Bagdad so geschätzt, daß sie buchstäblich mit Gold aufgewogen wurden.

Die seelenbeschreibenden Schriften des Aristoteles gelangten in den Westen, die naturbeschreibenden in den Osten.

Der anfängliche Puritanismus des islamischen Arabertums war bald überwunden. Mit der äußeren Ausbreitung des Islam – «Islam» heißt Unterwerfung, in Erinnerung an die Art, wie Mohammed seine Inspiration empfangen hat: Er fiel dabei zu Boden –, der die Völker unterwarf, ging eine innere Aktivierung parallel. Aber die seelenbeschreibenden Schriften des Aristoteles fehlen! Das ergibt eine ganz merkwürdige innere Situation. Als im 6. Jahrhundert Dschondaischabur und Edessa vom Islam eingenommen wurden, war die Berührung mit hohem altem Geistesgut der Hellenen und Inder schon vollzogen. Die Eroberung Alexandrias setzt den Islam in den Besitz der berühmtesten Bibliothek des Altertums, der Ptolemäer. Im 10. Jahrhundert umfaßte diese Sammlung sechstausend Handschriften, besonders mathematischen und astronomischen Inhalts. Der Reichtum war unschätzbar: Fast das ganze Werk des Aristoteles – aber die seelenbeschreibenden Schriften fehlen im wesentlichen –, die vorsokratische und spätgriechische Philosophie, der Neuplatonismus, ein Teil des Platon, Phytagoras, Galen, Ptolemäus befanden sich in den Händen arabischer Gelehrter, bevor im Abendland etwas davon bekannt geworden war. Die Schriften wurden mit Diamanten aufgewogen. Ein gewaltiger Impuls der Gelehrsamkeit ergriff die ganze arabische Welt von Bagdad über Salerno bis nach Sevilla und Cordoba. Dabei beschränkte sich diese Gelehrsamkeit – durch die obenbeschriebenen Gründe – fast ausschließlich auf das mathematisch Erfaßbare und die Empirie der Sinne. Das ist die sehr merkwürdige Situation, die die arabischen Gelehrten zu den eigentlichen Begründern der modernen und modernsten Naturwissenschaft werden läßt. Dazu kommt eine ganz eigentümliche Art, enzyklopädisch zu sammeln und aufzuschreiben, was schon durch die abkürzende arabische Schrift bedingt ist.

Es würde zu weit führen, auch nur andeutend über die Fülle der Sachgebiete arabischer Gelehrsamkeit zu schreiben – zu einer Zeit, da im Westen die seelenbeschreibenden Schriften des Aristoteles in den Klöstern sozusagen «ruhen». Sie bilden zunächst keine wissenschaftliche Kultur aus. Sie ruhen, während im Osten Kalenderberechnungen, Ausmessungen der Erde nach Meridianen, Berechnungen der Phasen des Mondes erfolgen, botanische Gärten angelegt werden, Optik, Chemie, Anatomie, Chirurgie gelehrt werden, von dem arabischen Gelehrten Dschabir die Schwefel- und Salpetersäure in ihrer Zusammensetzung beschrieben werden, Ahazan das Prinzip der Camera obscura entdeckt, die Physik des menschlichen Auges genau beschrieben wird, Arzachel eine erste, viel bewunderte Uhr baut, der Blutkreislauf des Menschen beschrieben wird, eine Reihe von Sprengstoffen erfunden wird und vieles andere mehr.

Das alles erreicht einen Gipfel, als im 12. Jahrhundert, 1126, hundert Jahre vor der Geburt des Thomas von Aquino, in Cordoba ein Knabe geboren wird, der der große Gegenspieler des hl. Thomas werden sollte: Ibn Ruschd, der in die Geschichte der Philosophie unter dem Namen Averroes eingegangen ist. In ein Jahrhundert großer Geistesentscheidungen hineingeboren, entwickelt der Knabe rasch in seinem enzyklopädischen Universalgenie die Fülle der Gedankenart der Mathematik und Technik. Er wirkt außerdem als Mediziner, Chemiker, Physiker, erforscht den Magnetismus, entwirft und führt Bewässerungsprojekte in Andalusien durch, ist als Dichter bekannt und Sprachforscher und übersetzt schließlich den Aristoteles, den er auf seine Weise auslegt und kommentiert. Er wurde zu Recht der «Meister der Wissenschaften» genannt.

Seine Philosophie und Auslegung des Aristoteles erscheint als eine Folge der wissenschaftlichen und technischen Stimmung seines Volkes in der damaligen Zeit. Das allgemein Berechenbare füllt seine ganze Denkungsart aus. Die Intelligenz äußert sich in allgemeinen Zahlen und Namen. Diese einheitliche Intelligenz ist allen Menschen gemeinsam. So wirkt die abstrakt einheitlich gedachte göttliche Weltenmacht ohne die Vermittlung eines göttlichen Sohnes, der individueller Mensch wurde, und sie hat von ihrem Wirken nur allgemeine Namen und Zahlen den Menschen in die sklavisch unfreie Seele gelegt. Eine solche Philosophie erwächst mit Notwendigkeit als Folge, wenn die Seele sich nur dem Mechanisch-räumlich-Berechenbaren hingibt. Sie kann zu einem freien Erkennen des göttlichen Schaffens in der Welt nicht aufsteigen. So lehrt denn auch der Islam mit präziser Folgerichtigkeit seiner Geistesstimmung und Weltanschauung: Gott hat keinen Sohn – und der Mensch keine Freiheit.

In der Zeit des Averroes war im christlichen Abendland an Wissenschaftlichkeit im Sinne der arabischen Naturwissenschaft überhaupt noch nicht zu denken. Man beschränkte sich auf die überlieferte Offenbarung, die dogmatisch bewahrt wurde. Um zu verstehen, wie Averroes' Seelenstimmung gewesen sein könnte, machen wir uns folgendes mathematische Urteil klar mit seiner ganzen philosophischen Konsequenz: Wenn ich sage: $2+2=4$, so besteht dieses Urteil nicht nur in meinem Kopfe, sondern in jedem dies Urteil denkenden Kopfe zugleich und auf gleiche Weise. Es ist allen Subjekten allgemein. Es ist subjektallgemein. Die erlebte Subjektallgemeinheit aller reinen Urteile ist schon etwas, das eine große Wirkung auf die denkend erlebende Seele ausüben kann. Der Gedanke ist etwas Übersubjektives, und wenn einer in dem genannten Urteil die 5 unterzubringen versucht sein sollte, etwa so: $2+2=5$, so wäre das nicht gedacht, sondern man hätte auf eine ganz subjektiv willkürliche Weise eine besondere Sympathie für die 5 das Urteil durchbrechen lassen. Unsere Sympathien und Antipathien zerbrechen die Urteile und damit die Weltgeistigkeit im Spiegel der menschlichen Seele. Es gibt kein falsches Denken. Es gibt nur ein unterbrochenes Denken. Dies war der arabischen Philosophie und Averroes durchaus klar. Nun ist festzustellen, daß die mathematischen und logischen Urteile – es gibt außerdem noch andere: ästhetische und Wahrnehmungsurteile – in ihrem Zusammenhang unendlich sind; denn jede beliebige Zahl wird von unendlich vielen Begriffsbezügen getragen, ist mit unendlich vielen Verbindungsvariationen verbunden. Und Averroes mußte sich im Erlebnis dieser Tatsache sagen: Enzyklopädisch gesehen ist die Summe und Bezüglichkeit aller Urteile unendlich; kein Mensch kann sie jemals in seinem Geiste allein fassen! Es gibt zwar Systemversuche, das enzyklopädische Urteilsgebäude einigermaßen zu bilden – und Hegels Versuch einer «Wissenschaft der Logik» ist ein grandiosestes «der baumeisterlichen Systeme» (Goethe) der Philosophie –, doch auch dies ist nicht vollständig, kann es nicht sein.

Dazu kommt noch etwas anderes. Averroes sagte einen merkwürdigen Satz als Ergebnis seiner naturanschauenden Betrachtungsweise: Die Natur bringt nichts vergebens hervor! Wenn man diesen Satz mit dem anderen: Die Urteile sind unendlich!

zusammenbringt, dann müssen sich diese beiden Gedanken selber im Unendlichen treffen. Da die Natur auch nicht die Menschheit vergeblich hervorbringt, deren Ziel es ist, die unendlichen Urteile in sich zu fassen – was ein einzelner Mensch aber nicht vermag –, so ist die Menschheit als Ganzes unsterblich, unendlich selber von ihrem unendlichen Ziel her gedacht. Das ist der aprioristische Unsterblichkeitsbeweis der Menschheit. Er schließt allerdings die individuelle Unsterblichkeit der einzelnen Menschenseele aus.

Dieser Gedanke hat in seiner Folgerichtigkeit etwas ungeheuer Faszinierendes. Und wo er gedacht wurde (gerade weil er nicht nur gedacht, sondern im Denken erlebt wurde, auch weil er sich an Erlebtes im Denken anschloß), schien er so wirklich zu sein, daß es ganz unmöglich schien, auch nur den geringsten Zweifel an seiner Wahrheit aufkommen zu lassen. Wo steckt nun aber im Denken und im Denkerleben der Fehler?

Daß ein Urteil subjektallgemein ist, stimmt durchaus, ist sogar eine Einsicht, die notwendig ist, Vertrauen im Denken zu gewinnen. Auch dies: Daß die Gedanken den sie Denkenden nicht verändern können. In der Wahrnehmungswelt kann ich Veränderungen herbeiführen, muß es sogar: Ich muß arbeiten (d. i. «das Feld der Pflicht»). Die Gedanken, sind sie einmal gedacht, kann ich nicht verändern; sie tragen ihre Eigengesetzlichkeit absolut in sich. Ich kann nicht drei verschiedene Begriffe, wie zum Beispiel 2, 3 und 5 so verbinden, daß ich sage: 2+5=3. Ich kann auch nicht den Begriff eines Teiles und des dazugehörenden Ganzen so verbinden, daß ich sage: Das Teil ist größer als das dazugehörige Ganze. Die Begriffe haben in sich einen Zusammenhang. Das wußten auch selbstverständlich die arabische Philosophie und Averroes. Aber er vergaß etwas. Und das ist psychologisch sehr wichtig und interessant. Er vergaß, daß er es war, sein Bewußtsein es war, der durch seine persönliche Anstrengung den Begriffen die Gelegenheit gab, auf dem Boden seines denkenden Bewußtseins, seiner denkenden Mühe, sich gemäß ihrer eigenen absoluten Inhaltlichkeit zu verbinden. Die Denkinhalte und die Selbständigkeit ihrer Relationen durchschaute Averroes, nicht aber, wie diese im Denkakt zu seinem eigenen denkenden Bewußtsein sich verhalten. Warum? Das ist das große psychologische Rätsel, dessen Beantwortung doch so leicht dünkt, wenn man sie gefunden hat. Weil ihm das Denken zu leicht fiel. Seine Bemühungen beim Zustandekommen der sich vollziehenden Denkinhalte im Denkakt seines Bewußtseins entfielen seinem Bewußtsein. Averroes war einfach im Auffassen der Denkinhalte zu begabt; er vergaß seine aufgewandte Mühe, weil ihm das Denken zu leicht fiel. Es gibt so etwas wie eine Mission der Torheit, der Tumbheit. Im Parsifal hat sie ihre spirituellste Ausprägung gefunden. Averroes erlebte diese Mission des Denkens nicht.

Er hätte sonst finden müssen: Die Gedanken muß ich hervorbringen, wenn sie aber hervorgebracht sind, kann ich sie nicht verändern. Die Sinneswelt, die ich um mich habe, Bäume, Pflanzen, Tiere usw., die Wahrnehmung, sie kann ich nicht hervorbringen. Aber wenn ich in der Welt kulturell, zivilisatorisch leben will, muß ich sie verändern. Das unterscheidet die Wahrnehmungswelt von der Begriffswelt: Die erstere ist fertig gegeben, ich muß sie verändern; die letztere bringe ich hervor, ist sie aber hervorgebracht, kann ich sie nicht mehr verändern, ohne die Weltordnung subjektiv willkürlich zu zerstören.

Für Averroes und die gesamte arabische Philosophie im Wesentlichen hängt die Geistigkeit der Welt gleicherweise wie eine Wolke von oben herunter, wird auf die Dauer der irdischen Lebenszeit von den individuellen Menschen eingeatmet, die sich auch dieser Atemluft auf eine geistig-naturhafte Weise unterwerfen müssen (Islam); denn mit dem leiblichen Tode wird mit dem Erlöschen der Lebensvorgänge auch diese Atemluft wieder ausgeatmet und kehrt in die Allgeistigkeit wieder zurück. Dabei haben diese allgemeinen Begriffe nur einen subjektallgemeinen, also für alle Denkenden gleich erscheinenden Charakter. Aber diese Begriffe, die «universalia», haben nur für die menschliche Seele einen Namenwert, indem der Mensch damit die Dinge der Welt benennen kann. Sie greifen nicht tiefer in die Wirklichkeit ein wie eben nur Benennungen, «nomen», weil das Denken zu «leicht» erlebt wird, und – wie wir zeigten – die Denkmühe, die Anstrengung der Willenshervorbringung dem Bewußtsein entgeht, weil es zu klug, zu «leicht», zu oberflächlich ist.

Es soll hiermit nicht ein Aburteilendes gesagt werden. Averroes war ein großes Geist! Es soll damit nur charakterisiert werden, wie die außerordentlichen und seelisch subtilen Erkenntnisverhältnisse der Hochscholastik auch angesehen werden können, wenn man überhaupt dazu ein anderes als nur ein geschichtliches Verhältnis gewinnen will.

Theologisch-weltanschaulich ist die Erkenntnisart des scholastischen Nominalismus bildhaft etwa so zu kennzeichnen: Die Weltgeistigkeit herrscht wie ein übermenschlicher Sultan über die Menschen, die mit gebeugtem Rücken ohne göttliche Vermittlung unfrei die Begriffe in den Seelen erwarten; Gott hat keinen Sohn! Es gibt keine vermittelnde Kraft zwischen der Menschenseele und der Weltgeistigkeit. Dieses Bild erwuchs aus dem Erkenntniserlebnis des Arabertums der Scholastik, nachdem es vorher als ein Geisterlebnis vor der Seele des Begründers des Islam gestanden hatte. Averroes war entgangen, daß gegenüber dem Inhalt des Gedankens das denkende Hervorbringen steht – eine sohnhafte menschliche Vermittlung gegenüber dem väterlichen Weltgeiste. Gott hat einen Sohn! Die Erfahrung des Denkens lehrt es: Der Wille der Denkbemühung, der vom Denkinhalt her bestimmt ist, erweist sich als der Gottessohn; als höchste Form des menschlichen Willens überhaupt ist er der Menschensohn. Beides ist identisch. Der Denkwille in seiner Vermittlerrolle zwischen dem übermenschlich Geistigen der Denkinhalte und dem irdischen alltäglichen Menschenwollen birgt das Mysterium des Sohnes auf der Ebene der Erkenntnistätigkeit. Es birgt zwar nicht das ganze Mysterium des Sohnes, aber von ihm so viel, als der menschlichen Seele als erkennende zukommen kann. Und darum handelt es sich in der Hochscholastik.

Von dieser Denkerfahrung ausgehend, bekommt jenes Wort des Apostels Paulus an die Galater (2,20) eine Wirklichkeit, die, wenn auch anfänglich, aber eben doch erfahren werden kann: «Ich lebe aber, doch nun nicht ich, sondern Christus (der Sohn, der Geist der Wahrheit) lebt ihn mir . . .» Von der Fülle dieses Erlebnisses ist der Weg nicht mehr weit zum wirklichen Schauen dessen, was in der christlichen Evangelienoffenbarung und Tradition von der Fleischwerdung, den Schicksalen und der Auferstehung des Sohnes auf Erden berichtet wird. Die Erscheinung des göttlichen Sohnes auf Erden im Leibe des Jesus von Nazareth wird für den Erkenntnisgewißheit, der, von jener Denkerfahrung ausgehend, die inneren Wege weitergeht. Thomas von Aquino ging diesen Weg bis zum Schauen Christi. Wir werden davon berichten. Rudolf Steiner ging diesen Weg noch weiter bis zur Begründung einer Geisteswissenschaft, die wahrhaft christlich zu nennen ist.

Averroes und mit ihm die ganze arabische Philosophie des Mittelalters konnten das geschilderte seelische Erlebnis im Denken nicht zur Erfahrung bringen, welche die anfängliche Gewähr für die Wirklichkeit des Christentums gibt. – 1195 starb Averroes in Marokko, dreißig Jahre vor der Geburt des Thomas von Aquino.

Thomas von Aquino ist seinem großen Gegner im Geisteskampf der Hochscholastik im Erdenleibe nicht begegnet.

Karl Heyer

Arabertum und Islam
als weltgeschichtlicher Kulturimpuls

Eine Geistes- und Kulturströmung, von der man wohl sagen kann, daß sie aus dem heutigen wissenschaftlichen Denken heraus ganz besonders wenig in ihrer Wesensart verstanden wird, deren Verständnis jedoch für ein solches der gesamten Menschheitsentwicklung eine sehr wesentliche Bedeutung hat, ist die arabisch-mohammedanische Kulturströmung, die in so merkwürdiger Weise im siebenten nachchristlichen Jahrhundert mit impulsierender Kraft in die Menschheitsentwicklung eingetreten ist und die dann während einer Reihe von Jahrhunderten bedeutsamste Wirkungen ausgeübt hat, die in ihrer Gesamtheit in entscheidender Weise dazu beigetragen haben, das gegenwärtige Zeitalter heraufzuführen, das vor etwa vier bis fünf Jahrhunderten begonnen hat.

Den im «Arabismus» sich auslebenden historischen Impuls bezeichnete Rudolf Steiner[1] als den letzten großen Impuls, der auf die Menschheit in der Richtung jenes Weges eingewirkt hat, den die Menschheit seit uralten Zeiten bis in das Griechen- und Römertum hinein genommen hat: des Weges, der aus einer uralten Geistigkeit in ein immer ausschließlicheres Erleben der physisch-materiellen Welt, aus altem hellseherisch-schauendem Bewußtsein zur Entwicklung des logisch-kombinierenden Denkens geführt hat. Stärker und ausschließlicher als die Kulturimpulse früherer Zeiten, als zum Beispiel noch die im Griechentum oder auch im Judentum wirkenden, führt der «Arabismus» die Menschen zum rein logischen, von Begriff zu Begriff gehenden abstrakten Denken, zu einem Denken, das ganz und gar an das physische Werkzeug des Gehirns gebunden ist und daher auch nur die äußere physisch-sinnliche Welt zu ergreifen vermag. Vor dem Auftreten dieses letzten welthistorischen Impulses mußte die Kraft des Christus-Impulses in die Menschheitsentwicklung eingreifen, wenn anders es für einen Wiederaufstieg zu einem neuen Geisteserleben für die Menschheit nicht zu spät sein sollte. Einige Jahrhunderte vor dem arabisch-islamischen Einschlag setzte der Christus-Impuls ein, und es konnte nun der Arabismus in den abendländischen, schon von dem Christentum ergriffenen Völkern einen Keim legen zu wesentlichsten Kulturerrungenschaften der neueren Menschheitsentwicklung, insbesondere zu der Herausbildung der modernen Wissenschaft.

Mit diesen Hinweisen ist der Schlüssel zum Verständnis jenes ganz großen arabisch-islamitischen Kulturimplexes gegeben. Von hier aus kann man den Versuch unternehmen, den «Arabismus» als welthistorisches Phänomen bis in Einzelheiten hinein zu begreifen. Im Folgenden soll in großen Zügen dieser Versuch gemacht werden. Es soll versucht werden, skizzenhaft etwas wie ein Wesensbild des islamisch-arabischen Kulturimpulses zu entwerfen.

Als ein hervorstechendes Merkmal des Islam als solchen – um zunächst von diesem zu sprechen – ist wohl dem historischen Betrachter von jeher jener ausgesprochene Zug ins Äußere und Äußerliche aufgefallen, der von ihren ersten Ursprüngen an dieser Religion anhaftet. Da ist zunächst eine – wenigstens für eine nachchristliche Religion – stark in die Augen fallende Äußerlichkeit schon des Kultus und der religiösen Pflichten (täglich fünfmaliges Gebet, Fasten, Waschungen, Almosen, einmal im Leben Wallfahrt nach Mekka und so weiter), dann zum Beispiel die ja oft hervorgehobene eigentümliche Vorstellung des Paradieses als einer Stätte rein sinnlicher Freuden, ferner das Gebot, das es dem Gläubigen zur Pflicht macht, gegen die Ungläubigen

in den Krieg zu ziehen und den Islam mit dem Schwert auszu-
breiten. Demgemäß hat sich diese Religion ja auch von allem
Anfang an in politisch-kriegerische Aktionen allergrößten Stils
umgesetzt. Und so sehen wir denn schon binnen weniger Jahr-
zehnte nach dem ersten Auftreten Mohammeds durch diese von
einem ungeheuren Elan und Enthusiasmus getragenen Erobe-
rungszüge ein mohammedanisches Weltreich von ungeheurer
Ausdehnung nach Ost und West hin entstehen. Wenn demge-
genüber auf vielerlei Gewaltsamkeit in der Ausbreitung und der
weiteren Geschichte auch des Christentums hingewiesen werden
kann, so ist dem doch entgegenzuhalten, daß alles Derartige
etwas dem Christentum Wesensfremdes, ja eine Verleugnung
des wahren christlichen Impulses bedeutet, während beim Islam
umgekehrt diese Methoden eben im Sinne seiner ursprünglich-
sten Impulse aus seinem eigentlichsten Wesen hervorgehen, wie
wir ja auch Mohammed selbst schon von Anfang an in ein Netz
diplomatisch-politisch-kriegerischer Unternehmungen verwik-
kelt sehen, an denen er höchst aktiven Anteil hatte. Dieser
Einstellung und Richtung entspricht die weitere kulturelle Wirksamkeit der von dem Islam ergriffenen Völker, insbesondere
eben des aktivsten, der Araber. Einen ungeheuren Aufschwung
nahm gerade die äußere Kultur in allen diesen Ländern, sowohl
die materielle als auch die auf die Außenwelt gerichtete wissenschaftliche Kultur. Und gerade durch diese Art der Kulturbetäti-
gung hat der Arabismus auf die abendländischen Völker gewirkt.
Bedeutsam genug waren schon die rein materiellen Einwirkungen der Araber, welche die äußere Lebenshaltung der christlichen
Völker des Mittelalters bereicherten und verfeinerten. Lebens-
mittel wie Reis, Mais, ferner Spezereien, Weihrauch, Gewürze,
Früchte, Stoffe wie Kattun und Damast und vieles andere wurden
durch die Araber im Abendland in großem Umfang eingeführt,
die Lebenshaltung nahm einen üppigeren, weichlicheren Charakter an (Sofa, Diwan, Matratze!). Die Kriegstechnik und Nautik
erfuhren unter arabischem Einfluß einen Aufschwung. Von der

arabischen Handelstechnik wurde vor allem die der Italiener nachhaltig beeinflußt.[2] Übrigens ist auch der Kaffeegenuß von Arabien aus, wenn auch, wenigstens für die europäischen Völker, erst sehr viel später, verbreitet worden (der echte Kaffeebaum heißt botanisch Coffea arabica), eine Tatsache, die dem als ganz besonders charakteristisch erscheinen wird, der sich über die Wirkung des Kaffees als eines Mittels klar ist, das in einer besonderen Weise gerade die intellektuellen Fähigkeiten, insbesondere die Klarheit und Folgerichtigkeit des Denkens, anregt.

Das eigentümliche Wesen des arabischen Volkes, das sich in dessen ganzer kultureller Betätigung auswirkt, offenbart sich, je mehr man sich mit ihm befaßt, um so deutlicher als ein merkwürdiges Zusammenwirken zweier scheinbar einander vollkommen entgegengesetzter Züge: auf der einen Seite ein auf die Spitze getriebenes abstrakt-logisches Denken, auf der anderen Seite eine zügellose, unerschöpfliche Phantasie. Auf diese Polarität werden wir weiter unten zurückkommen. Hier sei zunächst auf die eine, wichtigste Seite hingewiesen, die abstrakt-denkerische Veranlagung, die sich durch den Arabismus als Antrieb der Kulturentwicklung ausgewirkt hat.

Charakteristisch hierfür ist es schon, daß das semitische Volk der Araber als ein Handelsvolk in die Geschichte eintrat. Der Handel tendiert aus seiner innersten Natur selber zu einer gewissen abstrakten Begriffsbildung. (Es wurde bereits erwähnt, daß die arabische Handelstechnik diejenige der Italiener beeinflußte, aus der dann bekanntlich das abstrakte, heute die ganze Welt beherrschende Handels-, Geld- und Bankwesen der Gegenwart hervorgegangen ist.) Mohammed selber war ein Kaufmann. Die Märchen von Tausendundeiner Nacht sind ihrem Inhalte nach zum sehr großen Teil Erzählungen der Schicksale von Kaufleuten und stellen auch die materiellen «Ideale» von Kaufleuten dar. Die arabische Sprache kennzeichnet schon in frühester Zeit «spitzfindige grammatische Schärfe», die Grammatik erfuhr bei den Arabern demgemäß schon früh eine besondere Pflege. Noch ehe die Beschäftigung der Araber mit Aristoteles begann, hatten sie eine entwickelte scholastische Theologie, in der sich ein eigenartiges «theologisch-philosophisches Grübeln» auslebte. Alles deutete auf ein Volk, bei dem der intellektuelle Verstand, die dialektischen Fähigkeiten von allem Anfang an stark veranlagt waren. Dieses Volk wurde der Boden, auf dem der abstrakt-monotheistische Gottesbegriff des Islam wurzeln konnte. Und dieser schroffe Monotheismus in seiner radikalen Abstraktheit – der Koran verwirft zum Beispiel ausdrücklich die Trinität – war dasjenige, was dem Islam gerade einen großen Teil seiner werbenden Kraft verliehen hat. An Stelle des alten Schauens, des alten Bild-Erlebens tritt, wie schon bei den Juden, der bildlose Gottesbegriff, das bildlose abstrakte Denken. Und wie bei den Juden, so verdichtet sich auch im Islam dieser Zug zu einem Verbot der bildlichen Darstellung Gottes, ja auch des Menschen. Der Mensch wird ganz auf das bildlose, gehirngebundene Begriffsdenken beschränkt. Das wirkte in höchst bedeutungsvoller Weise auf die arabisch-mohammedanische Kunstentwicklung ein. Die Plastik wurde kaum, die Malerei wenig gepflegt. An ihre Stelle trat allbeherrschend ein rein dekoratives Element, abstrakt und phantastisch zugleich. «Fast überall beruht das Prinzip (der arabischen Ornamentbildung) auf einer einzelnen schematischen Regel, die kein Gesetz lebendiger Entwicklung in sich trägt und durch ihre stete Wiederholung zuletzt ermüdet.» Es ist besonders die Kunst der Arabeske, formal schönheitsvoll, aber tote Form ohne Geist, ohne Leben. Und betrachtet man die Abbildungen der mohammedanischen Moscheen, so wird man bei aller ihrer dekorativen Pracht in der Tat finden, wie aus ihnen, um mit Rudolf Steiner zu sprechen, der Geist gleichsam «herausgesogen» ist.

Von tiefgehendster Bedeutung für das arabisch-mohammedanische Geistesleben war es, daß dieses vom 9. Jahrhundert ab sich aufs engste an die aristotelische Philosophie anschloß. Damals ließen die Kalifen die Schriften des Aristoteles ins Arabische übersetzen. Unzählige solcher Übersetzungen sind dann im Laufe der nächsten Jahrhunderte erfolgt. Aristoteles gewann bei den Arabern eine solch unbedingte Autorität, daß er gleichsam als ein zweiter Prophet angesehen wurde. So knüpften sie mit derjenigen Sicherheit, mit der sich immer die auf tiefen welthistorischen Notwendigkeiten beruhenden Vorgänge vollziehen, an das Werk derjenigen Individualität an, in welcher in der vorchristlichen Zeit das Gedankenleben und die logische Gedankenentwicklung der Menschheit im Griechentum kulminiert hatte, um dieses Werk in der Richtung ihrer eigenen scharfsinnig-spitzgeistigen dialektischen Methode weiterzubilden. So wurde vor allem die islamische Scholastik im Sinne dieses neuen Aristotelismus zu einem großen System weitergebildet. Allein für die scholastischen Vorstudien zur Theologie forderte ein arabischer Gelehrter zum Verständnis des Korans einen Unterricht über nicht weniger als fünfundzwanzig verschiedene Lehrgebiete. Theologische Schulen wurden begründet, die bald zum Vorbild ganz entsprechender Anstalten des christlichen Abendlandes wurden. Die arabische Philosophie, innerhalb deren wieder charakteristischerweise besonders die Logik gepflegt wurde, erreichte im 11. und 12. Jahrhundert Höhepunkte in Philosophen wie Avicenna und Averroes. Im Abendlande wurde sie im mohammedanischen Spanien, wo ja die islamisch-arabische Kultur überhaupt eine ihrer glanzvollsten Pflegestätten gefunden hat, zuerst von den dortigen Juden aufgenommen, die dort überhaupt an dem ganzen arabischen Geistesleben den innigsten aktiven Anteil nahmen (zum Beispiel Maimonides). Durch ihre Vermittlung kam dann erst diese aristotelisch-arabische Philosophie (von Westen her!) zu den christlichen Völkern des Abendlandes. Um 1220 waren fast sämtliche Schriften des Aristoteles aus dem Arabischen ins Lateinische übersetzt. Erst später wurden Übersetzungen direkt aus dem griechischen Urtext angefertigt. So schlug der arabische Gedankenimpuls bei den christlichen Völkern ein. Es blühte unter seinem mächtigen Einfluß die Scholastik des Mittelalters auf, die zu der Zeit, als die Menschheit am meisten den unmittelbar schauenden Zusammenhang mit der geistigen Welt verloren hatte,[3] in scharfen, präzisen Begriffen, gleichsam «von unten her», den Inhalt der Offenbarungen früherer Zeiten gedanklich zu erarbeiten versuchte. Dadurch wurde aber die Scholastik zu der hohen Schule des begrifflichen Denkens des Abendlandes, ohne welche auch die ganze wissenschaftliche Entwicklung nicht denkbar wäre, die mit Beginn unseres gegenwärtigen Zeitalters einsetzt. Aber auch unmittelbar wurde diese naturwissenschaftliche Entwicklung der Neuzeit durch den Arabismus aufs intensivste beeinflußt. Mathematik und Astronomie der Griechen wurden von den Arabern fortgeführt und sehr erweitert und wirkten in dieser Gestalt aufs nachhaltigste im Abendlande ein. Ein 1572 in Deutschland erschienenes Hauptlehrbuch der Optik ist im wesentlichen nichts anderes als eine Übersetzung einer arabischen Optik. Die Chemie ist sogar eine Zeitlang für eine arabische Erfindung gehalten worden. Von dem Stande der arabischen Botanik zeugten die botanischen Gärten zu Damaskus im 13. Jahrhundert. Überall suchte der Arabismus die Natur und ihre Kräfte zu begreifen. Dazu diente ihm auch das Experiment. Berühmt im ganzen Mittelalter war die arabische Medizin. Sie beruhte auf einer rein intellektuellen Weiterbildung der antiken Medizin zu großen umfassenden Systemen. Avicenna selbst war nicht nur Philosoph, sondern auch ein hochberühmter Arzt, dessen «Kanon» bis ins sechzehnte Jahrhundert «als das umfassendste und beste Lehrgebäude der Medizin» galt. Schon bald nach 900 reiste man aus europäischen Ländern nach Spanien, um dort bei den Arabern diese wissenschaftliche Kultur, insbesondere Medizin und Philosophie, aufzunehmen. Das ganze höhere Geistesleben des Abendlandes hat, wie Steinhausen feststellt, zu einem wesentlichen Teil durch die Berührungen mit der arabischen Kultur erst seinen rechten Schwung erhalten. Die vom Islam ausgestreute

Saat ging im 12., 13. Jahrhundert auf: Es wuchs im abendländischen Geistesleben «die Macht des Verstandes».[4]

Noch in mancherlei Verästelungen hinein könnten die Auswirkungen des Kulturimpulses des Arabismus verfolgt werden. Hier sei nur noch darauf hingewiesen, wie der arabisch-mohammedanische Geist bereits im Mittelalter über das bloße Theoretisch-Naturwissenschaftliche hinaus ins Technisch-Mechanistische führt. Zwar kann von einer umfassenderen und durchgreifenderen Entwicklung der Technik bei den Arabern noch nicht die Rede sein, wohl aber ist es charakteristisch, daß sie mancherlei Mechanismen konstruierten, die allerdings vielfach mehr den Charakter von Spielereien hatten, wie zum Beispiel kleine Vögel, die sich bewegten oder gar singen konnten und die ebenfalls dem Abendländer höchlichst imponierten. Bis in die Märchen von Tausendundeiner Nacht spielt diese Liebe zum mechanisch Konstruierten hinein, wobei sie sich auch wieder in eigenartiger Weise mit dem Phantastisch-Zauberhaften vermischt und verbindet, so, wenn dort von Zauberpferden die Rede ist, die keine wirklichen Pferde, sondern sinnreich konstruierte Maschinen sind, bei denen man nur eine Schraube zu drehen braucht oder dergleichen, und sie entfalten Flügel und tragen den Reiter in kürzester Zeit durch phantastische Entfernungen. Charakteristisch ist es auch, daß den Arabern die Erfindung der Räderuhren zugeschrieben wird. Statt wie bisher mit einfachen Mitteln (Wasseruhr und dergleichen) die Zeit zu messen oder statt sie wie durch die Sonnenuhr aus den kosmischen Vorgängen abzulesen, konstruiert jetzt der technische Verstand einen komplizierten Mechanismus, schließt ihn »in ein Gehäuse ein, und es funktioniert»[5].

In diesem Zusammenhang darf auch noch auf eine andere folgenreiche Erscheinung hingewiesen werden, an welcher der arabisch-islamische Geist nicht ohne tiefgreifenden Anteil gewesen ist: den unteritalienisch-sizilianischen Staat des deutschen

Staufenkaisers Friedrich II. Diesen Staat, der in der Staatswissenschaft und Staatsgeschichte als der «erste moderne Staat» eine sehr wesentliche Rolle spielt, hatte Friedrich II. in Fortführung der Regierungskünste der unteritalienischen Normannen, ebenso aber, wie von allen Seiten hervorgehoben wird, nach mohammedanischen Vorbildern und mit mohammedanischen Mitteln eingerichtet. Jacob Burckhardt beginnt bezeichnenderweise seine «Kultur der Renaissance in Italien» mit einer Schilderung dieses Staates Friedrichs II., den er als den ersten modernen Menschen auf dem Thron bezeichnet. Es war ein Staat mit streng durchgeführter Zentralisation, beruhend auf dem Beamtentum, unter Ausschluß des Feudalismus. Ein besoldetes Heer mit vielen moslemitischen Elementen, unbeschränkte Königsgewalt, eine rigoros-quälerische Finanzverwaltung mit Monopolen und Zöllen und so weiter. Keine Spur von einer sittlichen Idee, wie ein neuerer Historiker hervorhebt, sondern eine große Staatsmaschine. «Es war die energievollste Staatsschöpfung des Mittelalters»,[6] die später als ein Vorbild für die italienischen Staaten der Renaissance diente, von denen wiederum die moderne Staatsentwicklung ausgegangen ist. Es ist eigentümlich, wie ebenderselbe Friedrich II., mit dem der auf so ganz anderen Untergründen beruhende kaiserliche Universalismus des Mittelalters unterging, durch diese großzügige Staatsschöpfung zum Impulsbringer der neuzeitlich-mechanistischen Staatsentwicklung geworden ist. Eigentümlich, wie dieser hochbedeutende Friedrich II. überhaupt eng verbunden war mit der Kultur der Sarazenen in Sizilien, unter deren Einfluß er aufgewachsen ist und die es auch allem Anscheine nach war, die seinem Geist jene Richtung ins Nüchtern-Rationalistische gegeben hat, wie sie auf der anderen Seite auch bei ihm diejenigen Anlagen gefördert hat, die zu einem Ausleben des Gegenpols des Kopfes, nämlich der niederen Leidenschaftsnatur, tendierten. Unteritalien-Sizilien spielt in der Geistes- und Kulturgeschichte der Menschheit eine höchst bedeutsame Rolle, teils im unmittelbar guten und großen, teils im verhängnisvollen, ja grausigen Sinne. Man denke für das letztere zum Beispiel an die Sizialianische Vesper, die Greueltaten eines Ferrante von Neapel (gestorben 1494) und so vieles andere. In jene Gegenden verlegt die Sage, nicht ohne sehr reale Hintergründe, auch den Sitz des Gralsgegners Klingsor und seines Zauberschlosses. Von hier aus können sich dem ahnenden Geschichtsverständnis weite geistig-historische Perspektiven eröffnen. Gewiß hängt mit diesen verhängnisvollen Kräften jenes schönen Landes irgendwie auch die sizilianisch-unteritalienische Sarazenenherrschaft im 9. bis 11. Jahrhundert zusammen. Es ist, als hätten sie verführerisch die Staufer in ihren Bann gezogen und sie so an der Erfüllung von Aufgaben gehindert, die ihnen eigentlich zum Heile der mitteleuropäischen Entwicklung im Sinne neuer christlicher Geistesimpulse vor dem Beginne eines neuen Zeitalters obgelegen hätten und um deretwillen in Deutschland das Volksgemüt aus tiefem Ahnen keinem Herrscherhaus so wie dem staufischen und insbesondere Friedrich II. mit den größten Sehnsüchten und Hoffnungen gegenüberstand. Und sicherlich ist es auch keine bloße Willkür, sondern drückt etwas von dem Walten der geistig-geschichtlichen Menschheitsströmungen aus, wenn man dem unteritalienisch-sarazenisch-mechanistischen Zwangsstaat Friedrichs II. als Gegenbild die Gemeinschaft gerade des Grals gegenüberstellt, deren Gegner Klingsor war und in der gemeinschaftsbildend der «Heilige Geist» wirkt als diejenige Kraft, die auf geistig-«demokratische» Weise, indem sie sich in das Ich eines jeden herniedersenkt, der an ihr teilhaben will, die Ich der Menschen von innen heraus in Freiheit harmonisiert und zu einer sozialen Gemeinschaft im Zukunftssinne verbindet.

Zu Gedanken, die tief in das Wesen des Islam hineinleuchten, kann man gelangen, wenn man den Blick auf jenes weithin sichtbare Symbol richtet, das so bedeutungsvoll der Islam als ein Sinnbild seines Wesens aufgerichtet hat: das Symbol des Halbmondes. Der Islam ist eine Mondreligion. Das beherrscht auch den mohammedanischen Kalender. Das mohammedanische Jahr ist das Mondjahr (wie schon Mohammed festgesetzt hat). Der Beginn der großen mohammedanischen Feste wird noch heute vom ersten Erblicken der Mondsichel an gerechnet.* Man halte diese Tatsachen mit dem zusammen, was sich aus der Geisteswissenschaft über die besondere geistige Wirksamkeit des Mondes ergibt. In dem, was als Geistiges dem äußerlich sichtbaren Monde zugrunde liegt, wirken einerseits Absterbekräfte, sie wirken in den Menschen auf der einen Seite vor allem hinein, insofern er Gehirnmensch ist. Dem Gehirndenken aber, das ins Abstrakte, zum Leblos-Mechanischen tendiert, gibt, wie wir sahen, gerade der Islam den stärksten Anstoß.

Im Monde lebt aber noch anderes: außer den auf das Gehirn wirkenden Kräften auch diejenigen, die im Gegenpol des Kopfes im Menschen wirken: in der Fortpflanzung und Vererbung, dann aber auch wiederum vieles von dem, was sich an diese an sich reinen Kräfte als niedere Leidenschaftsnatur des Menschen

---

* Mit alldem hat der Islam nur an die in Arabien alteinheimische Mondreligion angeknüpft, wie auch sonst viele charakteristische Züge des arabischen Islam nur als Fortführung und Steigerung dessen erscheinen, was vorher schon im Wesen des arabischen Volkes gelegen hatte. Zu dem lunaren Charakter der altarabischen Religion vergleiche Ditlef Nielsen, «Die altarabische Mondreligion und die mosaische Überlieferung», Straßburg 1904. Die Tatsache, daß in Arabien schon sehr früh der Mond, in Babylonien hingegen die Sonne in den Vordergrund des religiösen Bewußtseins drang, erklärt Nielsen (S. 19/20) folgendermaßen: «Die Ursachen davon liegen auf der Hand. Babylonien war ja ein Land der Ackerbauer, Arabien ein Land der Nomaden und Handelskarawanen, und der Mond spielt die gleiche Rolle für die reisenden Nomaden und Handelsleute wie die Sonne für den Ackerbauer, denn man reist in Arabien wegen der Hitze meistens nachts, und ohne Mond kann man nicht gut reisen. Deswegen war der Babylonier von der Sonne abhängig, der Araber vom Monde.» Diese «auf der Hand liegende» Erklärung ist wohl reichlich äußerlich, aber doch gewiß auch nicht ganz abwegig. Interessant ist es jedenfalls, wie hier auf einen Zusammenhang zwischen der Mondreligion und dem Charakter der Araber als Handelsvolk aufmerksam gemacht wird, besonders wenn man damit zusammenhält, was oben auch von uns über die Araber als handelstreibendes Volk erwähnt wurde.

knüpft. Auf solche Zusammenhänge weisen viele alte Mondkulte hin. In der vorchristlichen Zeit sehen wir die griechische Artemis häufig mit der Mondsichel auf dem Haupte abgebildet. Durch die Impulse des Christentums werden gewisse Kräfte überwunden und zu dienenden, und so zeigt die Madonna auf vielen älteren Bildern die Mondsichel zu ihren Füßen. Im Islam ist diese wieder aufgepflanzt und zum beherrschenden Symbol geworden. Es kann dies darauf hindeuten, wie ein älteres vorchristliches Element im Islam wieder auflebt und sich in die nachchristliche Entwicklung hineinstellt.

Nun ist aber auch die mosaisch-jüdische Religion eine solche, die ebenfalls einen bedeutsamen Zusammenhang mit dem Mondhaften hat. Die Geisteswissenschaft zeigt, wie die Jahwe-Gottheit vom Monde aus geistig auf die Erde wirkte* und wie sie hierdurch in der vorchristlichen Zeit vorbereitend dem jüdischen Volke in gleichsam reflektierter Form Christus-Sonnenwirksam-

---

* Diese Angaben finden übrigens in dem obenerwähnten Buche Nielsens über die altarabische Mondreligion und die mosaische Überlieferung eine interessante Bestätigung. Es wird dort an einer großen Reihe von Stellen gezeigt, wie Jahwe in der mosaischen Überlieferung mit dem Monde in engem Zusammenhang steht. Wenn es in der Bibel zum Beispiel heißt: «Und Jahwe ging unter über den Berg Sinai, über die Spitze des Berges» (Ex. 19,20), so wird für «ging unter» ein Ausdruck gebraucht, der zugleich der astronomische Terminus für den Untergang des Mondes am westlichen Horizont ist (a.a.O. S. 162). Auch die Bildersprache der hebräischen Psalmisten (zum Beispiel «Laß uns leuchten dein Antlitz», Ps. 21,10) ist nach Nielsen (a.a.O. S. 179) lunaren Ursprunges. Zusammenfassend sagt Nielsen (S. 220): «Während auf der Pilgerfahrt die ganze Gottesverehrung wie in der altarabischen Religion an den Mond und seine Phasen gebunden ist, so findet sich von Sinai ab kein einziges Mal die geringste Andeutung, daß Gott im Firmament gesucht oder angebetet wird . . . Bei den früheren Gottesdiensten schaut die hebräische Gemeinde mit Andacht auf den Mond, sei es der Vollmond, der sich abends am östlichen Horizont erhebt (Ex. 16,10), oder der Neumond, der am westlichen Horizont untergeht (Ex. 19,10), Gott geht vor der Gemeinde im Bilde des Mondes (Ex. 13,21; 14,19), und seine gewaltigen Taten in der astralen Kraft des Mondes, in der Flut und Ebbe, werden beim Gottesdienste feierlich gelobt (Ex. 15). Von Sinai ab verschwinden alle lunaren Beziehungen, und nur die dort empfangenen Kultusgesetze erinnern an den früheren Monddienst.»

keit zustrahlte. Auch im jüdischen Volk finden wir nun ganz ähnliche, mit dieser Mondenwirksamkeit zusammenhängende Züge wie später im Arabismus. Auch beim jüdischen Volk eine starke Ausbildung des gehirngebundenen logischen Denkens, auch bei ihm den abstrakten Monotheismus, alles das, was zur Bildlosigkeit tendiert, einen Zug zum Materiell-Erdenhaften. Man kann aber den Unterschied so bezeichnen, daß man sagt: Während in der vorchristlichen Zeit, die erst der Vorbereitung auf den Christus-Impuls diente, diese Mondenwirksamkeit in einem sehr tiefen Sinne eine «zeitgemäße» war, ist sie in der nachchristlichen Zeit in gewisser Weise etwas wie ein welthistorischer Anachronismus, und sie wird daher nun viel stärker dazu neigen, in den Wirkungsbereich derjenigen Weltenkräfte zu kommen, die als gegnerische dem Christus-Impuls sich entgegenstellen. Auch kann man sagen, daß im jüdischen Volke in vorchristlicher Zeit die geistige Mondenwirksamkeit eine reinere, gleichsam keuschere gewesen ist als später im Islam.

Aber auch abgesehen von alledem sind der Berührungspunkte zwischen Judentum und islamischem Arabertum noch viele. Schon rein blutsmäßig führen beide ihren physischen Ursprung auf den Stammvater Abraham zurück. Die Juden durch Isaak und Jakob, die Araber durch seinen Nebensprossen (was auch bedeutungsvoll erscheint) Ismael, den «Sohn der Magd» (I. Mose 21, 13). Der Islam wollte nichts anderes als die reine Lehre Abrahams (die Juden und Christen verfälscht hätten) wiederherstellen. Das Blutsprinzip, das bei den Juden so überaus stark war, finden wir fast noch stärker, jedenfalls wilder und leidenschaftlicher bei den Arabern wieder, die ganz in Sippen und Stämmen lebten. Das ganze Gemeinschaftsleben der Araber war von den Banden der Blutsverwandtschaft getragen, eine große Rolle spielte hier insbesondere auch die Blutrache. Auch damit ist wiederum ein seinem inneren Wesen nach durchaus vorchristliches Element gegeben. Mohammeds Auftreten und die Anfänge des Islam sind ganz durchtränkt von all den Impulsen, die aus solchen Verhältnissen hervorgehen. Die ersten Kalifen waren Verschwägerte und Blutsverwandte des Propheten. – So finden wir viele Züge, die uns beim jüdischen Volk entgegentreten, im Arabertum wieder, nur daß sie hier wie auf die Spitze getrieben und übersteigert und wie in ein hitzigeres Leidenschaftselement eingetaucht erscheinen. Kein Wunder daher auch, daß sich im mohammedanischen Spanien jene intime Teilnahme der Juden am arabischen Geistesleben herausbildete, von der wir oben gesprochen haben, und daß gerade durch jüdische Vermittlung der Arabismus zu den christlichen Völkern des Abendlandes getragen wurde.

Was dem Durchschnittseuropäer an einer solchen Gestalt wie Mohammed oft am schwersten begreiflich wird, ist die Vereinigung von zwei Wesensseiten, die auf den ersten Blick sich auszuschließen scheinen. Wie können, so fragt ein Gelehrter in einer längeren Geschichte des Islam, Mohammed der «Schwärmer in Mekka» und Mohammed der «gewiegte Diplomat in Medina» ein und dieselbe Person sein? Er begnügt sich, zur Antwort darauf hinzuweisen, daß diese Vereinigung der beiden Eigenschaften «nun einmal typisch» für Mohammeds Zeit und Volk sei. In der Tat zeigt sich dieser Dualismus in dem ganzen Arabertum, worauf bereits oben hingewiesen wurde. Nur kann es nicht genügen, diesen Dualismus gerade bloß zu konstatieren. Er hängt mit dem innersten Wesen des geistigen Impulses zusammen, der im Islam und Arabismus sich auslebt. Es ist, als wäre die mehr gleichmäßige Harmonie der menschlichen geistig-seelisch-leiblichen Natur, wie sie von dem «mittleren» Menschen getragen wird, hier auseinandergerissen und die Kräfte ebensosehr auf der einen Seite nach «oben» in den Kopf, in die Region der Nüchternheit, der Kühle des abstrakten, nach außen gerichteten Gehirndenkens abgedrängt worden, wie sie auf der anderen Seite gleichsam nach «unten» in die Leidenschaftssphäre des Menschen gedrängt erscheinen, in den Bereich glühender Sinnlichkeit, auch glutvoll-mystischen Innenerlebens. Und indem dann die Kräfte aus dieser unteren und inneren Region gleichsam unmittelbar nach oben hinaufschlagen, entsteht jene «Phantasie» und Phantastik, die im arabischen Wesen eine so ungeheure Rolle spielt, deren Hauptmerkmal eben auch gerade dieses ist, daß sie fast immer die Richtung aufs Äußere, Materielle nimmt, das Paradies sich als einen Ort sinnlicher Freuden vorstellt, in den Märchen von Tausendundeiner Nacht materielle Reichtümer und Genüsse vorgaukelt oder gar, wie wir dies an dem Beispiel des Zauberpferdes gezeigt haben, mit dem Technisch-Mechanistischen Verbindungen eingeht.* Und wenn die phantasievolle Natur des arabischen Volkes sich jahrhundertelang in einer Blüte der lyrischen Poesie ausgelebt hat, so ist es auch hier wieder charakteristisch, daß ein besonders wichtiger Zweig der arabisch-islamischen Dichtkunst die satirische war! Feingeschliffene Spottgedichte spielten eine besonders große Rolle.

Letzten Endes leben sich in diesem Dualismus wieder jene polar entgegengesetzten Weltenkräfte aus, die überhaupt überall in das menschliche Leben hineinwirken, die luziferische und die ahrimanische. Hält man alles zusammen, was hier über das Wesen des Arabismus ausgeführt worden ist, so wird es einem nicht erstaunlich erscheinen können, daß diese beiden Wesenskräfte an einem solchen Kulturimpuls einen ganz besonders hervorragenden Anteil nehmen. Ahriman wirkt auf den Menschen so, daß er ihn im Irdischen verhärten, ihn zu einem kalten Verstandeswesen machen möchte, daß er ihn abschneiden möchte vom Kosmos. Von dem überspitzten «Kielbogen», der im mohammedanischen Baustil (neben dem ebenso charakteristischen «Hufeisenbogen») eine so große Rolle spielt, gebrauchte Rudolf Steiner einmal den Ausdruck, daß ihm das «Kainszeichen des Ahriman» anhafte: Scheinbar strebte er nach oben, in Wirk-

---

* Als eine merkwürdige Parallele hierzu kann einem in gewisser Weise die Verbindung von Technik und Phantasie bei einem Schriftsteller wie Jules Verne erscheinen.

lichkeit weist er nicht über sich hinaus, sondern schließt er den Menschen von der geistigen Welt ab. Ein Entsprechendes dürfte auch von dem Hufeisenbogen gelten: Auch er wirft den Menschen gerade durch die besondere Art seiner dem geschlossenen Kreis sich nähernden, auf die Säulen aufgesetzten Rundung in die physisch-sinnliche Welt zurück. Kielbogen wie Hufeisenbogen sind beide Schöpfungen der Araber. Ebenso unverkennbar aber wie dieser stark ahrimanische Einschlag ist auf der anderen Seite das Walten des luziferischen Impulses in dieser Kultur. Luzifer möchte umgekehrt wie Ahriman den Blick des Menschen auf eine illusionäre Innenwelt lenken, die ihn jedoch von der wirklichen geistigen Welt ebenso fern hält wie diejenige, in der Ahriman ihn festzuhalten sucht. In all jener Phantastik, in all dem, was arabische Leidenschaftlichkeit, was religiöser Enthusiasmus und Fanatismus sind, im kriegerischen Elan der für ihren abstrakten Monotheismus entflammten Gläubigen lebt der luziferische Gegenpol des ahrimanischen Wesens, und überall sehen wir eben hier das eine in das andere umschlagen, beide miteinander verquickt. In einer Kunstgeschichte lesen wir bezeichnenderweise von der Architektur der Araber, sie biete «eine ähnliche Verbindung scharfer Kontraste dar, wie sie ihrem geistigen Wesen haftet: *kahl trockene Außenseite* neben *phantastisch* überreich geschmücktem *Innern*; monotone *wüste Massen* und eine *zauberhaft verschlungene Ornamentik*; todähnliche *Starrheit* und unerschöpflich reiches *Leben*»[7]. Das heißt: außen Ahriman, innen Luzifer! In der Arabeske verbinden sich ganz entsprechend das *Mathematische* und das *Phantastische*. «Es ist ein ewiges Fliehen und Suchen, Necken und Jagen der Figuren, in dem die rastlos schweigende *Phantasie* ebensowohl wie der grübelnde, kombinierende *Verstand* ihren Stolz und ihre Befriedigung finden.»[8]

Von solchen Gesichtspunkten aus wird man es auch verstehen, warum der Islam nach einem ebenso schnellen wie gewaltigen Aufschwung, der ihn in wenigen Jahrzehnten und Jahrhunderten zu einer Kultur- und Weltmacht ersten Ranges erhob, verhältnismäßig so sehr bald in Verfall geriet. Zuerst ein von Enthusiasmus getragener Elan der Ausbreitung und Entfaltung – dann die Ermüdung, das Stehenbleiben, die Stagnation, der Rückgang. Nach dem Rausch die Ernüchterung: Es ist, wie wenn auch in diesem scharf ausgeprägten Entwicklungsgang des Islam selber die zwei Weltenmächte greifbar in die Erscheinung träten! Nach diesem Gesetz ist auch die Geschichte der Türken, der späteren Vormacht des Islam, in scharfen Konturen verlaufen: erst einige Jahrhunderte lang eine von unwiderstehlicher Antriebskraft getragene Ausbreitung, die das Türkische Reich zu einem der mächtigsten der damaligen Zeit machte, dann ein Erlahmen und nun wieder durch einige Jahrhunderte ein Abbröckeln, ein schrittweises Zurückweichen, Niedergang und Stagnation. Den Islam der späteren Zeiten möchte man mit der ausgebrannten Mondschlacke vergleichen.

Nimmt man all das zusammen, was sich so aus den Tatsachen heraus an Einsichten in das Wesen des Arabismus und des Islam ergeben kann, so drängt sich immer mehr die Erkenntnis auf, daß wir es hier mit einem Religions- und Kulturimpuls der nachchristlichen Zeit zu tun haben, an dem der Christus-Impuls selber keinen Anteil hat. Ja, der gerade dadurch zu seinem eigentümlichen Wirken, zu seinen großen Leistungen kam, daß nicht der Christus-Impuls Anteil an ihm hatte, sondern eben jene «Monden»-Kräfte, die wir zu charakterisieren versuchten, nebst all dem, was damit zusammenhängt. Und im gleichen Sinne wie der Materialismus der neuzeitlichen Jahrhunderte eine menschheitsgeschichtliche Notwendigkeit war, war es auch der Kulturimpuls des Arabismus, der jene wissenschaftlich-materielle Entwicklung überhaupt erst ermöglicht hat.

Daß aber in der Tat dem Islam der Christus unbekannt ist, das zeigt auch der Koran selbst aufs deutlichste. Er kennt wohl den Jesus (und zwar, wie Rudolf Steiner einmal an Hand der 19. Sure

«Maria» gezeigt hat, den Jesus des Lukas-Evangeliums), den der Islam bekanntlich neben Moses und Mohammed als Propheten anerkennt, nicht aber den Christus. Die 112. Sure, die das Bekenntnis der Einheit enthält («Gott ist einer»), sagt ausdrücklich von diesem Einheitsgotte: «Er hat nicht gezeugt und ist nicht gezeugt worden.» Der Vater hat den Sohn nicht gezeugt, es gibt also außer dem Vatergott (den man freilich vom mohammedanischen Standpunkt aus so nicht nennen könnte) weder den Sohn noch den Heiligen Geist. Ebenso enthält der Koran eine ausdrückliche Ableugnung des Kreuzestodes Christi beziehungsweise Jesu, damit aber des Mittelpunktsereignisses und daher des Sinnes der ganzen Menschheitsentwicklung. Die 4. Sure sagt nämlich: «Sie (die Juden) haben ferner gesagt: Wir haben den Messias, den Sohn der Maria, den Gesandten Gottes, getötet. Sie haben ihn aber nicht getötet und nicht gekreuzigt, sondern einen andern, der ihm ähnlich war . . . Sie haben ihn aber nicht wirklich getötet, sondern Gott hat ihn zu sich erhoben; denn Gott ist allmächtig und allweise.»

Die Mission des Islam beruht darauf, daß er mehr die Kräfte des Absterbenden als die des Lebens kennt, mehr das Formhafte als das inhaltsvolle Geistige. Er kennt den Menschen Jesus, aber nicht den kosmischen Christus-Geist. Er hat den Halbmond, die Gralsschale, aber nicht die Hostie. Er kann den Gral nicht kennen. Ja, er muß ihm aus seinem innersten Wesen feindlich gegenüberstehen. Es ist eigentümlich, wie in Spanien, wo die Gralswirkung einmal lokalisiert gedacht werden darf, auch das Gegenbild des Grales, der leere Halbmond, aufgepflanzt wurde und daß er es gerade dort zu einer höchsten äußeren Kulturblüte brachte.

Noch auf mancherlei Einzelzüge könnte hingewiesen werden, die gerade aus solchen Zusammenhängen heraus verständlich werden. Wenn, wie wir sehen, der Islam den Menschen auf die physisch-sinnliche Welt beschränken, ihn vom Kosmos abschneiden will, dann kann man in dem Wort: «Gott ist Gott, und Mohammed ist sein Prophet» auch dieses finden, daß eben nur Mohammed sich zu diesem Gott zu erheben und von ihm Offenbarungen zu empfangen vermochte, während allen übrigen Menschen dieser Weg in eine geistige Welt abgeschnitten ist wie schon durch die Bauformen der mohammedanischen Moscheen. Dem würde es entsprechen, daß wir im Islam jene fundamentale Anerkennung des einzelmenschlichen Ich nicht finden können, die nach dem Erscheinen des Christus aller geradlinig weiterführenden Entwicklung zugrunde liegt. Diesem fehlenden Freiheits- und Ich-Impuls wiederum entspricht es, daß der Islam über die Despotie als Regierungsform lange nicht hinauszukommen vermochte, ja, daß ausgesprochenermaßen ein Willkürregiment auf den verschiedensten Stufen der mohammedanischen Beamten- und Despotenhierarchie bezeichnend war. Der fehlende Ich-Impuls läßt endlich auch die so eigentümlich gedrückte Stellung der Frau im Islam voll begreiflich erscheinen. Der Koran selbst legt diese Stellung in der 4. Sure ausdrücklich mit den Worten fest: «Männer sollen vor Frauen bevorzugt werden, weil auch Gott die einen vor den anderen mit Vorzügen begabt und auch weil jene diese unterhalten.» Demgemäß ist der Islam seinem ganzen Wesen nach ausgesprochenermaßen eine Männerreligion: Das zeigt sich schon in der Art seiner Ausbreitung durch die oben charakterisierte kriegerische Aktivität, aber auch zum Beispiel wieder in der Vorstellung des Paradieses als einer Stätte, die fast ausschließlich auf männliche Neigungen berechnet ist. Von der Frau im Islam muß man sagen, daß sie, und zwar nicht nur im Paradies, sondern auch in der äußeren Wirklichkeit, in erster Linie doch nur um des Mannes willen da zu sein scheint. Wenn im Christentum ein Impuls zum Ausgleich des Gegensatzes von Mann und Frau im angestrebten Ziele reiner Menschlichkeit lebt, so liegt im Islam umgekehrt der Impuls zu einer Vertiefung dieses Gegensatzes. Auch da wieder dieses Auseinanderklaffen des einheitlichen Menschenwesens, das Zustreben der einen Hälfte zum ahrimanischen, der anderen zum luziferischen Pol, auf Kosten des Mittleren, eigentlich Menschlichen. Das ist nicht zur «Kritik» gesagt, die großen weltgeschichtlichen Erscheinungen gegenüber sinnlos wäre, sondern um bis in Einzelheiten hinein eine Charakteristik eines bedeutungsvollen Kulturimpulses zu geben.

So haben wir, versehen mit jenem Schlüssel des Verständnisses, der in den geisteswissenschaftlichen Hinweisen vorliegt, die zu Eingang dieses Kapitels wiedergegeben wurden, einen Überblick über die Auswirkungen und einen Einblick in das Wesen des arabisch-islamischen Kulturimpulses zu geben versucht. Wir konnten durch die Tatsachen jene Hinweise nur überall bestätigt und bewahrheitet finden. Wir haben uns durch die Tatsachen von den Ausgangspunkten zu weiteren Gedankengängen leiten lassen, die wieder neue Perspektiven eröffneten. Diese Gedankengänge und Perspektiven finden nun wiederum ihrerseits in allen wesentlichen Punkten eine Bestätigung, Erweiterung und Vertiefung durch noch andere Forschungsergebnisse der Geisteswissenschaft.[9]

Da wird von einer Periodizität von sechs zu sechs Jahrhunderten gesprochen, die in der Menschheitsentwicklung – neben mancherlei anderen Rhythmen – waltet. Diese Periodizität bringt es mit sich, daß etwa sechs Jahrhunderte nach der Begründung des Christentums eine geistige Strömung auftauchte, die in einer Art Erneuerung der alten Jahwe-Mondreligion bestand. Es ist die Religion des Halbmondes, die unter Nichtberücksichtigung des eigentlichen Christus-Impulses in anderer Form die alte mosaische Religion mit ihrem Einheitsgotte wieder aufrichtet. Doch hatte sich damit, sozusagen von einer anderen Seite her, wie in einer Synthese vieles verbunden, was früher in der ägyptisch-chaldäisch-babylonischen Weltanschauung und priesterlichen Wissenschaft gelebt hatte, zum Beispiel in der chaldäischen Astronomie über den Zusammenhang der Vorgänge am Sternenhimmel mit den Weltgeschehnissen oder in der ägyptischen

Heilkunde.* Nur daß, was im Ägypter- und Chaldäertum und so weiter aus alter hellseherischer Beobachtung hervorgegangen war, nun im Arabertum und als bloß intellektuell-kombinierendes Forschen auftritt. Die alten Begriffe werden ihrer hellseherischen Bildergehalte entkleidet und in abstrakte Formen gegossen. Damit entstand jene bewunderungswürdige Wissenschaft der Araber, die dann von Afrika über Spanien in Europa eindrang. «Hat das Christentum einen Impuls gebracht, der im wesentlichen für die menschliche Seele da war, so war der größte Impuls für den menschlichen Kopf, für den menschlichen Intellekt auf dem Umwege durch die Araber gekommen.» Nur durch diese Impulse des Arabertums ist die moderne europäische Wissenschaft, sind zum Beispiel Kepler und Kopernikus, möglich geworden. So haben wir auf der einen Seite den Christus-Impuls, der direkt, über Griechenland und Italien, in die europäischen Völker eindringt und der in seiner Wirksamkeit die eigentliche, geradlinig fortlaufende Hauptströmung der Menschheitsgeschichte darstellt, daneben aber als eine Nebenströmung jenen arabischen Impuls, der indirekt, auf dem Umweg über Spanien, einwirkt. Diese Einwirkung dauert auch wieder sechs Jahrhunderte, bis in das dreizehnte Jahrhundert hinein. Durch den Zusammenfluß der Christus-Religion und der Mohammed-Religion, des Sonnensymbols mit dem Mondsymbol, erst konnte unsere eigentliche neuzeitliche Kultur entstehen. In den nächsten sechs Jahrhunderten floß dann durch die Renaissance wieder eine andere Nebenströmung in den Hauptstrom der fortlaufen-

---

* Hört man dies, so erscheint es außerordentlich bedeutungsvoll, daß nach I. Mose 16,3, Hagar, der Sarai Magd, die Abraham den Ismael gebar, eine Ägypterin war, wie auch (vgl. I. Mose 21,21) Ismael selbst, nachdem er nebst seiner Mutter in die Wüste ausgestoßen war, eine Ägypterin heiratete. Ismael wird so Stammvater von zwölf Wüstenvölkern, wie auch schon I. Mose 21,13, dem Abraham von ihm prophezeit wird, daß er zum Volk werden würde. So verehren ihn die Araber als ihren Stammvater (vergleiche oben) wie die ägyptische Hagar als ihre Stammmutter.

den christlichen Entwicklung hinein: Es ist das, was der vierte Zeitraum in der griechischen Kultur zur Entwicklung gebracht hatte und was sich nun als neuer Einschlag mit der abendländisch-christlichen Entwicklung verbindet. Über das Wesen des Christus wird man diese Nebenströmungen freilich nicht fragen dürfen; von ihm können sie nichts wissen, da der Christus ihnen fremd ist. Umgekehrt sind zum Beispiel gerade aus dem Arabertum verschiedene falsche Propheten als falsche Messiase aufgetreten, so noch Sabbatai Zewi (im siebzehnten Jahrhundert). Das Verständnis für die Christus-Wesenheit kann sich nur aus jener fortlaufenden Entwicklung ergeben, die eben die christliche selber ist und zu der zum Beispiel auch das europäische Rosenkreuzertum gehört.

Solches über den Gang der Kulturen zu wissen ist heute eine Zeitnotwendigkeit. Will der moderne Mensch zu derjenigen Weltenorientierung kommen, ohne die er in dem gegenwärtigen Zeitalter der Bewußtheit nicht bestehen kann, so braucht er ein wirkliches Verständnis für die großen Geistesströmungen der Weltgeschichte. Die geisteswissenschaftliche Betrachtung will ein solches Geschichtsverständnis in der Gegenwart geben, da die übliche Geschichtswissenschaft im wesentlichen doch über die Sammlung der Tatsachen nicht genügend hinauszuschreiten und nicht zu deren geistig-schöpferischen Untergründen vorzudringen vermag.

Solange wir nur eine Verstandeswissenschaft und -geschichte haben, die im wesentlichen nur mit äußeren Methoden «kritisch» einzelne Tatbestände herauszusondern weiß, wird, so Großartiges auf diesem Wege auch geleistet worden ist, die lebendige Geschichte nicht verstanden werden. Denn solange werden wir in der Wissenschaft selber noch auf dem Standpunkt des Arabismus stehengeblieben sein, der bloß mit dem «Kopf» begreifen will, in dem die Absterbekräfte walten. Solange werden daher zwar die christliche und die arabische Strömung äußerlich in der europäischen Kultur zusammengeflossen sein, aber sie werden in ihr als zwei heterogene Elemente wirken. Erst wenn das an sich nur form- und schalenhafte Denken der heutigen im tieferen Sinne noch immer «arabistischen» Wissenschaft den lebendigen Geistesinhalt aufnimmt, der nur aus der fortlaufenden, zeitgemäß weiterentwickelten christlichen Strömung hervorgehen kann, wenn der Halbmond seinen Zweck als «Gefäß» erfüllt, indem er die «Hostie» aufnimmt, und das schalenhafte Denken selbst sich verlebendigend sich wandelt, erst wenn so Arabismus und Christentum in unserer Kultur wirklich zu einer höheren Einheit verschmelzen, wird der innere Widerstreit zwischen beiden überwunden sein. Erst dann wird im Sinne der Gesamtmenschheitsentwicklung auch die Mission des Arabismus ganz erfüllt sein.[10]

Anmerkungen

1 Im Vortrag vom 16. August 1908 in Stuttgart. Enthalten in Bibl.-Nr. 105.
2 Vgl. hierzu G. Steinhausen, «Geschichte der deutschen Kultur» I, Leipzig u. Wien 1913, S. 299 f.
3 Vgl. hierzu R. Steiner, «Die geistige Führung des Menschen und der Menschheit» (1911) Bibl.-Nr. 15, zweiter Vortrag.
4 Steinhausen, a.a.O. S. 356.
5 K. Schubert, «Der Mensch in der Geschichte», in «Die Drei», März 1922, S. 1153.
6 R. Schmid, «Allgemeine Staatslehre», II. Bd., II. Teil, 1. Kap. Abt. II, Leipzig 1903, S. 464.
7 W. Lübke, «Grundriß der Kunstgeschichte» II, 13. A., Stuttgart 1905, S. 70. (Sperrungen im Text von mir.)
8 Lübke, a.a.O. S. 72.
9 Vgl. den Vortrag R. Steiners vom 13. März 1911 in Berlin. Enthalten in Bibl.-Nr. 124.
10 Nach der ersten Veröffentlichung dieses Aufsatzes im Januar/Februar 1923 sind noch weitere grundlegende Mitteilungen von Rudolf Steiner über den Arabismus gemacht worden: In seinen Vorträgen aus dem Jahre 1924 über

Schicksalsforschung. Da ist zum Beispiel von der großen Bedeutung einer Individualität wie der des arabischen Kalifen Harun al Raschid und der seines Ratgebers, der Zeitgenossen Karls des Großen, und ihrem Weiterwirken in der Geschichte gesprochen worden. Da war in solchen Zusammenhängen von der arabischen Provenienz der Wissenschaft eines Laplace, eines Darwin, eines Dubois-Reymond und anderer, aber auch von bedeutsamen «arabistischen» Einflüssen die Rede, die wichtige Historiker des 19. Jahrhunderts wie Ranke und Schlosser aufgenommen haben. Auf diese tief schürfenden Vorträge kann hier nur gerade hingewiesen werden. Siehe: Rudolf Steiner, Esoterische Betrachtungen karmischer Zusammenhänge, Bd. I bis Bd. VI, Bibl.-Nr. 234–240.

Fred Poeppig

Der Kampf der maurisch-mohammedanischen Strömung gegen die abendländisch-christliche Kultur

Hinter der Grals- und Klingsorströmung verbirgt sich in der Geschichte des Abendlandes eine sehr konkrete Auseinandersetzung zweier Kulturströmungen, die sich seit dem 7. Jahrhundert bald mit Waffengewalt gegenüberstehen, bald im religiös-wissenschaftlichen Kulturkampf sich auseinandersetzen. Dies ist die maurisch-mohammedanische Strömung, die seit dem 7. und 8. Jahrhundert das Abendland bedroht. Wer die Bedeutung dieser Strömung in ihrem Kampf gegen die christliche Kultur des Abendlandes verstehen will, muß diesen geschichtlichen Hintergrund ins Auge fassen, um so mehr, als seine Folgen in unserer gegenwärtigen Kultur auf Schritt und Tritt zu beobachten sind.

Denn: Worum geht es letztlich bei der Krise des Abendlandes auf allen Gebieten? – Es handelt sich hierbei um den Kampf um das Ich! Und hiermit berühren wir das zentrale Gralsgeheimnis.

Zwei Symbole treten uns in diesem Kampf vor die Seele: Das eine ist das Gralssymbol, die Heilige Schale, die berufen ist, die Sonnensubstanz des Christus aufzunehmen. Wir sahen, wie sie nach der Legende aus dem Edelstein der gefallenen Krone des Luzifers, der sie bei seinem Sturz verlor, entnommen wurde, um daraus das Edelste zu bereiten. Sie stammt also aus den Kräften des Bösen. Doch sie konnte umgewandelt werden zur kostbaren Schale für die Christus-Substanz.

So kann der Mensch seine niederen Kräfte läutern, um sich selbst zur Schale zu bilden, zum Kleinod für das höhere ICH. Die «Mondenkräfte» der niederen Menschennatur werden dadurch zu Trägern für die «Sonnenhostie». Diesem Symbol der Gralsströmung steht das der antichristlichen Mächte gegenüber. Es ist die Schale mit dem blutenden Haupte als Inhalt. In der blutenden Schüssel mit dem Haupt Johannes' des Täufers, die Herodias dem König Herodes reicht, erfüllt sich dieses Symbol der schwarzmagischen Gegenmächte. Es hat sich in der Geschichte noch an anderer Stelle erfüllt, wie zum Beispiel bei der Ausrottung der Zarathustra-Strömung, die am maurischen Hofe von Harun al Raschid durch die Familie der *Barmakiden* vertreten war. Als der persische Wesir *Abu Gafar* am 27. Januar 803 auf das Geheiß Harun al Raschids heimtückisch gefangengenommen und enthauptet wurde bei seinem Aufenthalt auf dem Jagdschloß Anbar am Euphrat, sollte sich dieses Symbol der schwarzmagischen Gegenmächte abermals erfüllen. Denn hiermit wurde der Kulturstrom des fortwirkenden Zarathustra-Impulses, der den Manichäismus erneuern wollte, im Rahmen des Islam ausgeschaltet und vernichtet. Fortan konnte am Hofe Haruns keine Stätte mehr sein für die alte Sonnenweisheit des Zarathustra, die in gewisser Weise die Gralsmysterien in ihrer vorchristlichen Gestalt darstellte. Denn: Was war das Bedeutsame am Parsismus in seiner ursprünglichen Gestalt, der auf den großen Zarathustra zurückgeht? Der prophetische Hinweis auf den «Sonnenhelden», der als siegreichster der Heilande auf die Erde kommen sollte, die Welt «durch den Willen» vorwärtszubringen, wie es im 19. Yascht des Zend-Avest heißt:

Die mächtige, die königliche Verheißung tragende
Sonnen-Äther-Aura, die gottgeschaffene,
Verehren wir im Gebet,
Die übergehen wird auf den siegreichsten der Heilande,
Und die andern, seine Apostel,
Die die Welt vorwärts bringt,
Die sie überwinden läßt Alter und Tod,
Verwesung und Fäulnis,
Die ihr hilft zu ewigem Leben, zu freiem Willen,
Wenn die Toten wieder auferstehen,

Wenn der lebende Überwinder des Todes kommt,
Und durch den Willen die Welt vorwärts gebracht wird. »

Übersetzung nach Prof. H. Beckh

Man muß sich hier bewußt werden, daß alle Weltanschauungs-
und Religionsströmungen der vorchristlichen Hochkulturen ihren Beitrag zum Mysterium von Golgatha gespendet haben,
nicht allein das Judentum, welches als «Mondenreligion» bezeichnenderweise die physische Vererbungsströmung für die
Leiblichkeit des Christus vorzubereiten hatte. Der Zusammen-
klang der einzelnen Mysterienströmungen zu diesem zentralen
Ereignis der gesamten Menschheitsentwicklung ergibt sich erst,
wenn wir die verschiedenen einzelnen Beiträge hierzu überblik-
ken. So erfloß aus dem Griechentum die Weisheit der platonisch-
aristotelischen Schule, auf die das Mittelalter das Verständnis für
die Transsubstantiation aufbauen konnte, die in der aristotelischen Lehre von der «Wandelbarkeit der Materie» enthalten ist.
Wenn Plato im «Timäos» die Weltseele beschreibt, die in Kreu-
zesform auf dem Weltleib ausgespannt ist, so wirkt durch dies
Bild eine alte Mysterienweisheit hindurch, die den Logos als die
Weltseele in Verbindung mit dem Weltenleib erblickte. Ebenso
ist im griechischen Adoniskult, bei welchem der Gott in einen
See versenkt und nach drei Tagen unter Jubelchören wieder
herausgeholt wurde, ein Hinweis auf den mystischen Vorgang
des Todes und der Auferstehung enthalten, der sich dann im
historischen Weltgeschehen auf dem Schauplatz der Geschichte
öffentlich verwirklichen sollte. Die Tragik der abendländischen
Entwicklung kann darin erblickt werden, daß fast sämtliche dieser antiken Mysterienströmungen, welche Reste der vorchristlichen Sonnenschau in sich trugen, ausgelöscht und vernichtet
wurden. Das gleiche gilt von den *Hybernischen Heiligtümern*,
die den Christus als den Sonnensohn erschauten und deren irdische Sendboten, wie der *Heilige Beatus, St. Gallus, Colomban*
und andere, rheinabwärts ziehend die Schweiz christianisierten,
bis sie vom römischen Christentum verdrängt und unterdrückt

worden sind. Dadurch ist die Sonnenschau verfinstert worden, so daß nur die mondhaften Kräfte des Intellekts im Abendlande wirksam geworden sind.

Der Durchbruch zur freien Geistigkeit des Ich ist dem heutigen Menschen dadurch sehr erschwert worden, da nur die mondhaften Kräfte der intellektuellen Erkenntnis – im Sinne des Arabismus, im Zeichen des «Halbmondes» – zu den anerkannt führenden geworden sind. Dieser Kampf um die Freiheit und Menschenwürde des Ich ist in unserer Zeit in ein neues Stadium eingetreten. Verständlich wird dieser Kampf erst, wenn wir ihn auf dem Hintergrund jener beiden Strömungen betrachten, die als die *christliche* und *maurische* aufeinanderprallten und sich in der Schlacht von Xeres de la Frontera im Jahre 711 gegenüberstanden. Obwohl die Invasion der Mauren von Karl Martell in der Schlacht von Poitiers zurückgeschlagen werden konnte, vermochte der Arabismus das kulturelle Herz des Abendlandes zu durchdringen und seinen machtvollen Impuls bis heute zur Geltung zu bringen. Um was handelt es sich bei dieser Auseinandersetzung auf religiösem Gebiete?

Um dies zu verstehen, muß man wissen, daß die maurische Strömung nicht nur durch ihr islamisches Glaubensbekenntnis wirkte, sondern vielmehr durch die intellektualisierte Weisheit der vorchristlichen Kulturen, die sie in sich aufgenommen hatte. Als die Mohammedaner mit der griechischen Kultur zusammentrafen, entstand eine islamische Naturwissenschaft und Philosophie, welche die aristotelische und neuplatonische Lehre weiterentwickelte, doch sie ihrer ursprünglichen Form entkleidete und verabstrahierte. Im Kampf der Mauren gegen die christlichen Scholastiker stand der «arabisierte Aristoteles» dem «verchristlichten Aristoteles» gegenüber. Bedenkt man, welche bedeutsamen Gelehrten auf allen Gebieten der Astronomie, Naturwissenschaft, Medizin, Philosophie am Hofe Harun al Raschids lebten, zur gleichen Zeit, als Karl der Große noch nicht einmal die Kunst des Lesens und Schreibens voll beherrschte, so ergibt sich ein

Bild von der überragenden Kultur des Maurentums. Arabische Gelehrte wie *Al Kindi* (859), *Al Farabi* (950) und sein Schüler *Ibn Sina*, unter dem Namen *Avicenna* in Europa bekannt, *Abu Baceer* (1150) und besonders *Ibn Rushd*, unter seinem lateinischen Namen *Averroes* bekanntgeworden (gest. 1198), übten den größten Einfluß auf die europäischen Scholastiker aus, die sich lebhaft mit ihnen auseinandersetzten.

Fächerartig hatte sich der Islam in kurzer Zeit, nach Osten bis nach Indien und Hinterindien (um 1000 n. Chr.), nach Westen bis nach Spanien vordringend, zur Weltmacht entwickelt. Auf den Flügeln der kriegerischen Eroberungen wird der Geist des Islam bis an die Grenzen von China und tief ins Herz des Abendlandes hineingetragen. Während das Christentum vorwiegend die menschliche Seele ansprach, wendete sich der Arabismus an den menschlichen Kopf. Hierin liegt seine eigentliche Größe und Gefahr. Die abendländische Wissenschaft, die ohne die Befruchtung durch den Arabismus nicht denkbar wäre, hat sich von dieser einseitigen Prägung bis heute nicht befreit.

Ein Bild von der Leidenschaftlichkeit dieser Kämpfe auf religiösem Gebiete geben jene Darstellungen, die als Symbol der Überwindung der arabischen Strömung durch die christlichen Scholastiker oft zu sehen sind: Der Fürst der Scholastik, *Thomas Aquino*, steht auf dem arabischen Gelehrten Averroes, der sich zu seinen Füßen (oft in Wurmgestalt abgebildet) krümmt.

Dieser Kampf ging um die Unsterblichkeit der menschlichen Seele. Obwohl die Unsterblichkeit vom Islam nicht geleugnet wird, so entspricht die mohammedanische Auffassung keiner individuellen Unsterblichkeit, sondern einer pantheistischen Rückkehr der Seele in die allwaltende Geistigkeit des Universums. Etwa wie der Regentropfen verdunstet wieder zum Himmel aufsteigt, so kehrt die Seele ins All zurück, ohne ihre individuelle Existenz zu bewahren.

Mit einer solchen Auffassung wurde die Christus-Tat ausgelöscht. Denn diese beruht ja in der Rettung der individuellen

Existenz des Menschen, der dadurch über den Tod hinaus seine *ewige Entelechie* (aristotelischer Begriff!) bewahren kann.

Auch im Dogma von der Prädestination der menschlichen Seele, dem *Kismet*, wird der Schwerpunkt der individuellen Existenz abgelähmt und unterdrückt. Denn wenn mein Schicksal zum Guten oder Bösen von Ewigkeit vorherbestimmt ist, wie kann ich mich aus Freiheit dann zum Guten entscheiden? Freilich steht diese mohammedanische Auffassung mit der vom Islam vertretenen Anschauung des «Jüngsten Gerichtes» in einem seltsamen Widerspruch, wo Allah die Seelen nach ihren Taten richtet. Jedoch nicht das Dogma, sondern die Lebenshaltung ist das ausschlaggebende, und diese erzieht hier zur Willenslähmung und untergräbt die eigene Aktivität.

Nun hat sich die gleiche Haltung in der modernen Naturwissenschaft in dem modernen Dogma von der «Vererbung» und der Bedeutung des «Milieus» eingeschlichen. Auch hierdurch wird der moderne Mensch an außermenschliche Faktoren gebunden und fühlt sich in seiner Freiheit durch Naturgesetze «determiniert». Das Naturgesetz wirkt wie ein Fatum willensschwächend und lähmend auf die eigene Freiheitsentfaltung der menschlichen Seele.

Sieht man, wie unsere moderne Kultur durch den Impuls des Maurentums weitgehend beeinflußt worden ist, so lernt man die Gefahr erkennen, die von dieser arabistischen Strömung auch heute noch ausgeht. Denn im Grunde haben wir keine christliche Naturwissenschaft, sondern eine maurische. Der Heilige Speer, der als Kraft des sich seiner Geistigkeit bewußt werdenden Ich in Klingsors Hände fiel, muß erst wieder zurückerobert werden aus der maurischen Umklammerung, in die er durch die arabische Wissenschaftsgesinnung gefallen ist. Wir erkennen so, wie das Gralssymbol in seinem zweifachen Aspekt das Urbild für die Ich-Krise des Abendlandes enthält. Wie lösen wir die Sonnenkräfte aus der Mondumklammerung heraus, um die Seele des Abendlandes zu retten?

Hildegard Gerbert

Der Islam und der Gral

In einem Gespräch über den Arabismus, während der Sommertagung am Goetheanum im August 1962, erzählte Professor Louis Locher-Ernst, daß er den Besuch einer hervorragenden Persönlichkeit aus dem Wirtschaftsleben des Irak gehabt habe. Diese habe, wie von etwas Selbstverständlichem, davon gesprochen, daß dem Islam die Rolle der zukünftigen allgemeinen Weltreligion zufalle.

Im Jahre 1961 kam nicht nur die hochbedeutende Ausstellung «7000 Jahre iranischer Kunst» nach Europa, in der die unter dem Islam entstandene Kunst einen beträchtlichen Platz einnahm; es erschien auch die wichtige Arbeit von Henry Corbin, «Der Lichtmensch im iranischen Sufismus»*, in der die alte Esoterik des Iran, die sich mit der Mystik des Islam als eng verwandt erweist, eine eingehende, von tiefer Bedeutung zeugende Darstellung gefunden hat.

In der gleichen Richtung geht die Tendenz eines wissenschaftlichen Werkes, das schon 1958 erschienen ist: Pierre Ponsoye: «L'Islam et le Graal. Etude sur l'ésotérisme du Parzival de Wolfram von Eschenbach»**, das in Verehrung dem Gedenken des Scheik Abdel Wahed Yahya gewidmet ist. Pierre Ponsoye kann aus einer genauen Kenntnis der arabischen Literatur, die Arbeiten von Henry Corbin einbeziehend, ein außerordentlich reiches Material ausbreiten. Diejenigen, welche sich im besonderen der Gralsforschung widmen, werden in seinem Buche wichtige Ein-

---

* Dr. H. Gerbert, «Der Lichtmensch im iranischen Sufismus», Goetheanum, Jg. 41, Nr. 10.
** Pierre Ponsoye, «L'Islam et le Graal», Editions Denoël, Paris.

zelheiten und interessante Beziehungen finden. Die deutliche Absicht des Verfassers ist, zu beweisen, daß der Islam die ursprüngliche und wahre Anschauung von dem Wesen des Grals besaß und daß der Gral vom Westen wieder nach dem Osten zurückgekehrt ist.

Im Vorwort weist Pierre Ponsoye darauf hin, daß die Gralsforschung die islamischen Elemente im Parzival nicht genügend erkannt habe, weil sich die esoterischen Motive der sogenannten wissenschaftlichen Forschung entziehen. Nur wer die esoterische Tradition und ihre Symbolik kenne, dem enthülle sich «das Mysterium der Einheit, das metaphysisch und eschatologisch alle authentischen Offenbarungen verbindet, im besonderen das Judentum, das Christentum und den Islam, die gemeinsamen Erben der großen abrahamitischen Tradition».

Im ersten Kapitel «Kyot» spricht er sich noch deutlicher aus: «Um diese Gegebenheiten zu verstehen, muß man sie innerhalb der allgemeinen Auffassung des Islam als der Synthese aller Prophetie sehen; diese Auffassung stützt sich darauf, daß der Islam die letzte aller gesetzgebenden Prophezeiungen vor dem Ende der Zeiten ist. Der Prophet Mohammed ist selbst ‹das Siegel› der Prophetie; er hat von Gott die ‹Summe der Worte› erhalten, das heißt die Quintessenz der Prophezeiungen, die vor ihm geoffenbart wurden. Aus diesem Grunde und wegen dieser Anordnungen der Vorsehung enthält der Islam in seinem inneren Gefüge eine Typologie und geistige Mittel, die in besonderer Beziehung zu den anderen Traditionen stehen, welche so mit ihren Begründern* in einen übersinnlichen und umfassenden islamischen Orden eintreten, der den ganzen Kreis der Menschheit überwölbt. Und dies bestimmt ihn in berechtigter Weise zum allgemeinen Mittler unter allen Religionsformen.» (S. 28)

---

* Im Islam gilt Jesus als einer der großen Propheten, die das Erscheinen Mohammeds vorbereiten.

Mit Sorgfalt und mit einer umfassenden Kenntnis der Literatur der Gralsforschung verfolgt er in Wolframs Parzival die Linien, die über den Provenzalen Kyot zu der spanisch-islamischen Esoterik und Sternenweisheit zurückführen. In dem Abschnitt «Le Baruk» zeigt er, wie Gachmuret, «um sein Gelübde himmlischer Ritterschaft zu erfüllen, in den Dienst der höchsten geistigen Autorität seiner Zeit tritt, und diese Autorität ist islamisch. Wolfram identifiziert sie mit dem Kalifen von Bagdad, aber sein Titel ‹Baruk› (was auf arabisch ‹der Gesegnete› bedeutet) und die Art seiner Machtbefugnisse lassen in ihm eine Autorität innerhalb einer viel tieferen Ordnung erkennen» (S. 51). In der Dreiheit Gachmuret, Parzival, Feirefiz fällt dem letzteren die Aufgabe zu, den Islam zu vertreten. «Auf jeden Fall hat die Erscheinung des Feirefiz am Ende der Geschehnisse, die bewirkt, daß sich die Ergebnisse der Gralssuche ‹kristallisieren›, und die sie sanktioniert, etwas von der Rolle des ‹Parakleten›, die dem Islam in Beziehung auf die beiden vorhergehenden Traditionen (die jüdische und die christliche) zuerkannt wird» (S. 57).

Von den sehr interessanten Beziehungen, die der Verfasser zwischen den Aussagen Wolframs und der islamischen Symbolik erwähnt, sei nur die des Vogels Phönix erwähnt, den Trevrizent nennt, als er von dem Gral, dem «lapsît exillis», spricht. Von dem Vogel Phönix, der aus Arabien stammt, erzählten schon Herodot und Tacitus; er war im Mittelalter wohl bekannt; Brunetto Latini erwähnt ihn in seinem «Trésor». Aber eine Besonderheit bei Wolfram weist darauf hin, daß er die Kunde von ihm aus der islamischen Tradition erhalten hat. Die arabische Legende erzählt von dem Vogel Phönix, daß er nie die Erde berührt, sondern sich nur auf dem Gipfel des heiligen Berges Qâf im Zentrum der Welt niederläßt. Dieser Berg Qâf, der im iranischen Sufismus eine so große Rolle spielt, ist ganz aus Smaragd, oder wenn er leuchtend weiß geschaut wird, so ist der Felsen, der seinen Grund und den Schlußstein des Himmelsgewölbes bildet, ein leuchtender Smaragd. Wenn nun Wolfram sagt, daß der Gral

auf einem Tuche von grüner Farbe vom Stoffe «achmardi» her-
eingetragen wird, erscheint deutlich die orientalische Farbsym-
bolik. Diese Beziehung wird aber noch genauer faßbar, wenn
man die Symbolik der Hierarchie der Seinsstufen kennt, wie sie
Mohyddîn Ibn Arabî dargestellt hat. Diese Seinsstufen offenbaren sich von oben nach unten als:

	Symbole
der Ur-Verstand	der Adler, die weiße Perle
die All-Seele	die Taube, der grüne Smaragd
der Ur-Stoff (Hyle)	der Phönix (Dauer und rhythmische Erneuerung), der rote Schwefel
der All-Leib	der Rabe, der schwarze Gagat (Pechkohle).

Nun wird aber die All-Seele oft auch durch den roten Hyazinth
symbolisiert, was den Teil von ihr kennzeichnet, dessen Lichtheit
sich mit der Dunkelheit ihrer Verbindung mit dem Leib vermischt hat. Nur aus dieser Tradition wird der Tisch aus «grânat
Jachant» verständlich, der als unmittelbar darunterliegendes
Prinzip den Gral, den Smaragd, trägt.

Ponsoye geht aber noch weiter; er setzt die «kleine weiße
Hostie» mit der weißen Perle gleich. Taube und Smaragd, Symbole der All-Seele, sind nach diesem Prinzip ihre Träger.

Von da aus gelangt er zu einer Vergleichung des «lapsît exillis»
mit der Kaaba, dem heiligen Stein in Mekka, der vom Engel
Gabriel auf die Erde gebracht wurde und ursprünglich Heilkraft
besaß, der, wie am Gral der Name des Königs erscheint, den
Imam ernennt und von dem eine unsichtbare Leiter zum Himmel
geht, wobei allerdings dieser Vergleich des Grals mit der Kaaba
mehr auf das Urbild der Kaaba als auf das irdische Abbild in
Mekka zutrifft.

In ähnlicher Weise untersucht Ponsoye die Symbolik der
Lanze und in sehr interessanter Weise die Beziehungen der
Gralsritterschaft, der Templeisen zum Islam. Daß neben den
äußeren Kämpfen um Jerusalem vor allem bei den Templern
lebhafte und tiefgehende Verbindungen auf geistigem Gebiet

bestanden, ist geschichtlich vielfach bezeugt, auch daß innerhalb des Islam schon früher als im christlichen Europa ähnlich gerichtete Ritterorden bestanden hatten. Aber indem Ponsoye die islamischen Orden wie den Templerorden auf den übersinnlichen und ewigen Orden des Melchisedek zurückführt, zieht er die Schlußfolgerung: «Weil sie Mitglieder dieses Ordens sind und an dem teilhaben, was Jesajas die ‹Substanz der Mysterien› nennt, konnte der Islam dem Christentum diese geheime Hilfe geben, die dem Gral, das heißt dieser Substanz, die im Herzen jeder authentischen und rein bewahrten esoterischen Tradition lebt, ermöglichte, einen Augenblick lang offen im Westen aufzublühen. Daß der Gralsorden nichts anderes ist als ein Ausdruck des Ordens des Melchisedek oder des Königs der Welt selbst, beweist schon die Erwähnung des Priesterkönigs Johannes im Parzival, und man weiß, daß nach dem ‹Titurel› der Gral bei dem Priester Johannes eine Zuflucht findet, die im Grunde nur eine Rückkehr in seine Heimat ist» (S. 135).

Wiederholt weist Ponsoye auf diese Stelle im «Titurel» des Albrecht hin. «Später wird Parzival mit den Templern von Montsalvage Europa verlassen, das immer mehr der Sünde verfällt, um zu Feirefiz nach Indien zu gehen, und er wird von Gott erlangen, daß Montsalvage und der Gral dorthin versetzt werden. Es handelt sich dabei ohne Zweifel um die Zurücknahme des Gralszentrums in das geistige Zentrum, das durch den Namen ‹Reich des Priesterkönigs Johannes› bezeichnet wird» (S. 55). Und er fügt später hinzu: «Deshalb muß Christian Rosenkreutz, der nach der Legende der Begründer der Rosenkreuzer, der geistigen Erben der Templer, ist, seine Reisen in die Länder des Islam (Syrien, Arabien, Marokko) unternehmen» (S. 137).

Es ist in diesen Studien, auch in den folgenden Kapiteln über die anderen Gralsromane, über die Begegnung der orientalischen Gralsströmung mit dem Keltentum und in den fünfundzwanzig Seiten von Anmerkungen, Belegen und Literaturhinweisen ein umfangreiches Wissen von esoterischen Traditionen, aber auch zum Beispiel von der Organisation des Templerordens und der Wirksamkeit der Nestorianer in Ostasien ausgebreitet, das zehn Zeichnungen von Symbolen illustrieren. Das Material gibt ein deutliches Bild von der vielfachen, bis zu Dante reichenden Einwirkung des durch den Arabismus vermittelten orientalischen und griechischen Geistesgutes. Aber die Tendenz dieses Buch rührt an das Heiligste, was die Geistesgeschichte des Abendlandes besitzt, an die Christlichkeit des Grals als Symbol des Mysteriums von Golgatha.

Dies kommt besonders bei der Besprechung der heiligen Lanze zum Ausdruck, wo Ponsoye sagt: «Dies ist meiner Meinung nach einer der deutlichsten Beweise für die Originalität und die Unabhängigkeit der Überlieferung Wolfram Kyot und ihrer authentisch islamischen Inspiration. Dieser Beweis wird besonders dadurch unterstützt, daß, durch das bemerkenswerte Schweigen Wolframs über die Symbole der körperlichen Passion, der Parzival unausgesprochen die Lehren des Islam vertritt, die, wenigstens in ihrer gewöhnlichen Bedeutung, die persönliche Kreuzigung und den tatsächlichen Tod Christi ausschließen. Die zyklische Rolle, die der Karfreitag in der Gralslegende spielt, widerspricht dieser Beobachtung nicht. Es handelt sich dabei um einen Faktor der christlichen Formgebung, der die Struktur des eigentlichen Symbolismus nicht berührt. Diese Einschränkung läßt natürlich an den Hauptanklagepunkt gegen die Templer, die rituelle Schmähung des Kruzifixes, denken und an den Vorwurf, der den Großmeistern gemacht wurde, sie hätten auf Anstiften der Muselmanen hin fremde Lehren in ihre Regel aufgenommen» (S. 87).

Durch die Geistesströmung, die Ponsoye mit anderen gleichgesinnten Gelehrten vertritt, soll zwar, wie im Schlußkapitel gesagt wird, die Menschheit durch die Hilfe des Islam zu der einen, einenden Weisheit des Ursprungs zurückgeführt, «reorientiert» werden, aber sie übergeht, was Rudolf Steiner in den Weihnachtsworten zusammengefaßt hat:

In der Zeiten Wende
Trat das Welten-Geistes-Licht
In den irdischen Wesensstrom.

Der Weg der Erdenmenschheit, der durch Schuld und Verdunke-
lung geht, aber zur Ichwerdung führt, soll zurückgewendet werden. Es ist in dieser Hinsicht interessant, daß in dem Buche kaum
von Parzival selbst die Rede ist, daß sein Irren, Ringen, Streben,
das ihn zum Gral hinfinden läßt, unbeachtet bleibt.

Rudolf Steiner hat vielfach die weltgeschichtliche Notwendig-
keit dargestellt, warum im 13. Jahrhundert die alten spirituellen
Überlieferungen in Mitteleuropa endgültig verstummten, das
Sternenwissen erlosch; es sollte aus einer neuen, durch Christian
Rosenkreutz begründeten Einweihung verchristlicht wiederer-
stehen. In dem Karmavortrag vom 18. September 1924 schilderte
er, wie in dem Sängerkrieg auf der Wartburg in Klingsor und
Wolfram von Eschenbach sich eine unberechtigt gewordene alte
Sternenweisheit und ein sternenloses Christentum gegenüberstehen, und er sagt: «Wir stehen in der Zeit des 13. Jahrhunderts, vor dem Auftreten jener Dominikaner, von denen ich
gesprochen habe; wir stehen in der Zeit, wo das Christentum
gerade da, wo es besonders groß war, abgestreift hat alle Einsicht
in die Sternenwelt und wo im Grunde nur da, wo innerliche
Entfremdung von dem Christentum war, noch Sternenweisheit
vorhanden war, wie bei dem Klingsor aus dem Ungarlande.» Und
er spricht im weiteren von dem harten Kampf, den Michael bei
der Inanspruchnahme seiner Herrschaft führen mußte gerade im
letzten Drittel des 19. Jahrhunderts gegen jene dämonischen
Gewalten, die mit der unchristlichen Kosmologie des Mittelalters
zusammenhängen.

Aber Rudolf Steiner hat in seiner «Geheimwissenschaft» eine
durchchristete Kosmologie verkündet, aus der das Christentum
des 20. Jahrhunderts sich die Geisteswaffen zur Verteidigung des
Grals schmieden kann. In dem Schlußkapitel «Gegenwart und

Zukunft der Menschheitsentwicklung» zeigt er, wie die neue christliche Einweihung nicht über die Tradition, sondern auf dem zeitgemäßen Weg in die unmittelbar gegenwärtige geistige Welt, durch die übersinnliche Forschung, die Substanz des Grals findet und an alle, die guten Willens sind, austeilt. «Wer das Symbol des Grales, wie es in Erzählung und Sage gegeben ist, seiner tieferen Bedeutung nach verstehen lernt, wird nämlich finden, daß es bedeutungsvoll das Wesen dessen versinnlicht, was oben die Erkenntnis der neuen Einweihung, mit dem Christusgeheimnis in der Mitte, genannt worden ist.»

Berthin Montifroy

Der Sieg des Lebens
über die Abstraktion

Die Begegnung der romanischen mit der islamischen Kunst

Die Araber haben in Spanien und selbst in Südwestfrankreich eine Kunstrichtung eingeführt, die man oftmals arabische, orientalische oder maurische Kunst nennt. In Wirklichkeit ist diese Kunst nicht das Ergebnis der Tätigkeit eines einzigen Volkes. Obwohl die Araber deren Verbreiter waren, finden wir sie nicht nur in Arabien, sondern in allen Ländern, die – meist infolge einer Eroberung – gänzlich oder teilweise den Islam angenommen haben: Syrien, Ägypten, Iran, Türkei, Persien, Indien, Nordafrika, Spanien und so weiter. Daher scheint es wünschenswert, sie «muselmanische Kunst» oder «Kunst des Islam» zu nennen, weil sie mit der vom Propheten Mohammed verbreiteten Religion entstanden und ihr eng verwandt ist. In erster Linie dem Kultus dienend, wird sie dessen Stütze im Reiche der Formen. Aber der Kultus wandelt sich nicht, ebensowenig wie die Kunst, die ihn stützt. Mit ihm zugleich erreicht sie sehr früh eine feste und endgültige Form, im Gegensatz zur christlichen Kunst, die sich im Laufe der Zeit selbst, den organischen und Lebensgesetzen ihrer Ausdrucksmittel entsprechend, wandelt.

Die islamische Kunst ist nicht immer frei von äußeren Einflüssen. Sie erscheint reiner, wenn sie sich in Gegenden entwickelt, in denen die plastischen Künste noch sehr anfänglich oder nicht vorhanden waren, oder wenn sie sich erst später durchgesetzt hat, nachdem sie bereits einen hohen Grad der Vollendung erreicht hatte und in ihrer Entwicklung stehengeblieben war. Sie mußte gewisse Kompromisse eingehen, wo sie sich bei bekehrten Völkern durchsetzte, die durch eine bedeutende künstlerische

Vergangenheit gekennzeichnet waren, vor allem durch die griechisch-römische, ägyptische, indische oder byzantinische Kunst. Sie nimmt zunächst meist die Kunst dieser Völker zur Grundlage, dann löscht sie nach und nach deren Einflüsse aus, die jedoch, namentlich in den ersten Jahrhunderten ihrer Entwicklung, noch recht bemerkenswert sind, vor allem vom 7. bis 9. Jahrhundert. Vom 11. Jahrhundert an geht sie dann einen so völlig eigenen Weg, daß man sie auf mehrere tausend Kilometer Entfernung, auf mehrere Jahrhunderte Zwischenraum und bei Völkern erkennt, die gänzlich verschieden voneinander sind, was ihre Herkunft und ihre vorhergehenden künstlerischen und religiösen Auffassungen betrifft. Ihre Abhängigkeit von der Religion ist so betont, ihre Ziele sind so klar gekennzeichnet, daß sie jeden anderen Einfluß auslöscht, wäre er auch seit Jahrtausenden mit der Vergangenheit dieses Volkes verknüpft. Im 15. Jahrhundert endlich öffnet sie sich wieder fremden Einflüssen: Das ist das Zeichen der Dekadenz. Da es nicht unsere Aufgabe ist, diese Entwicklung zu verfolgen, werden wir nur ihre Grundtendenz betrachten, zu deren Gunsten allmählich alle Verschiedenheiten verschwinden.

Fast ausschließlich im Dienste der Religion, an zweiter Stelle der Kalifen und ganz ausnahmsweise für die Ausschmückung privater Bauten, ist die Grundlage dieser Kunst die Architektur. Diese soll vor allem das «Gebetshaus» errichten: die Moschee, während die sekundären Künste nur eine dekorative Aufgabe haben. Doch können sie, im Gegensatz zu dem, was man zunächst annehmen könnte, von der Zweckgebundenheit der Architektur unabhängig, freier und unmittelbarer die Denkweise der islamischen Völker, die uns nun beschäftigen soll, zum Ausdruck bringen.

Rudolf Steiner hat darauf hingewiesen, daß der Sieg *Karl Martells* über die Araber zwar ein militärisches Ereignis von höchster Bedeutung war, brachte er doch den Einfall der Araber zum Stehen, aber doch die Verbreitung ihrer Denkweise nicht aufhalten konnte. Sie fuhr fort, in Europa einzudringen, wo sie im 13. Jahrhundert mit der von den Dominikanern, namentlich von Albertus Magnus und seinem Schüler, dem heiligen Thomas von Aquino, vertretenen in Gegensatz geriet. Ähnlich war es für die Kunst: Der arabische Einfluß drang über die historische Stätte von Poitiers hinaus und breitete sich in Zentralfrankreich aus, wo man seinen Einfluß in manchen Kirchen der Auvergne wiederfindet. Auf dem Boden der Provinzen jedoch, die Frankreich bilden sollten, mußte die islamische Kunst, ohne daß ein sichtbarer Kampf stattfand, eine wirkliche Niederlage erleiden. Die große Kraft, die sie in Schach hielt, die ihren Einfluß zurückdrängte und schnell besiegte, tauchte als romanische im 12. Jahrhundert auf. Welches waren nun diese beiden Kunstauffassungen, die so gegensätzlich waren, daß sie nicht nebeneinander bestehen konnten?

Jede Kultur besitzt an ihrem Ausgangspunkt die Tendenz, das Leben in seiner reinen, ursprünglichen und elementaren Form zu ergreifen; der Blick des Künstlers bleibt dann ganz unmittelbar, erstrahlt in der vollen Reinheit der Entdeckerfreude. Im Laufe der Zeit aber verliert diese Kultur die Naivität und widmet sich der Entfaltung der Ideen, in denen sie sich gefällt, bei denen sie dann schließlich ihre Zuflucht sucht, um endlich ganz intellektuell zu werden. Weil die islamische Kunst sich jedoch bei Völkern einer sehr alten Kultur entfaltet hat – die Elemente, die sie sich zu eigen macht, gehören selbst einer vergangenen Kunst an –, hat sie nie eine solche Kindheit und Jugend gekannt; sie hat fast unmittelbar die Reife, ja das Alter erlangt. Daher ist sie von Anfang an der Ausdruck einer Denkweise, die aus einer Religion hervorgegangen ist, welche selbst schon im Zustand der Reife entstanden ist. Die Vorherrschaft, welche diese von Anfang an der Weisheit, der Vernunft, der Wissenschaft, den Fähigkeiten des reifen Alters vor allen anderen Begabungen oder Fähigkeiten der Seele gibt, ist in allen Worten des Koran oder Aussprüchen, die Mohammed zugeschrieben werden, offensichtlich: «Die

Tinte der Weisen ist wertvoller als das Blut der Märtyrer»; «Allah hat nichts Besseres geschaffen als die Vernunft»; «Die Wissenschaft ist dem Glauben überlegen»; «Ein einziges Wort der Wissenschaft hat mehr Wert als das Hersagen von hundert Gebeten».

Die ständige Tendenz zur Abstraktion, die die islamische Kunst kennzeichnet, scheint uns nicht, wie man leicht glauben könnte, nur die Folge der Vorschrift Mohammeds zu sein, welche die Darstellung Gottes und des Menschen in den Moscheen verbietet. Hiermit setzte der Prophet nur die hebräische Tradition fort. Seit Jahrhunderten sagte die Bibel: «Du sollst dir kein Bildnis deines Gottes machen.» Bei manchen Völkern waren solche Darstellungen vor ihrer Bekehrung zum Islam gebräuchlich; sie hätten nach der Bekehrung beseitigt werden müssen. Mehrere Untersuchungen dieses Problems haben jedoch bewiesen, daß dies nicht oder nur teilweise geschah. Die Forderung des Propheten ist also nicht immer wörtlich genommen worden, obwohl sie die islamische Kunst belastet hat. Wir wollen zu beweisen versuchen, daß die allgemeine Richtung dieser Kunst, wenn sie sich in aller Reinheit entwickelt, und das Ziel, das sie erreicht, nur zum Teil durch diesen Zwang bedingt sind, aber daß sie vielmehr das logische Ergebnis der Denkweise sind, die dem Islam eigen ist.

Wenn die Darstellung tierischer Motive in dieser Kunst geduldet, aber nicht empfohlen ist, so sind im Gegenteil pflanzliche Darstellungen das mit Vorliebe gewählte Element. Mit seinen Ästen, seinen saftigen Blättern oder in der Struktur seiner Früchte eignet es sich für die immer neue Darstellung des Lebendigen. Der islamische Künstler jedoch wendet, nachdem er es betrachtet hat, seinen Blick ohne weiteres Interesse davon ab. Daher entfernt sich, von einer Generation zur nächsten, die Darstellung einer Pflanze – Akanthus- oder Weinblatt zum Beispiel – schnell und methodisch von seinem Vorbild, so daß seine Herkunft oft nicht mehr zu erkennen ist. Diese Darstellungsweise strebt zunächst nach Vereinfachung, dann zur Schematisierung, wobei von der ursprünglichen Gestalt nur noch die Krümmung übrigbleibt. Diese Kurve, die dann ein Dekorationsmotiv bildet, ist es dann, die zur Ausfüllung einer Fläche dient. Ähnlich ist es mit den Geflechten, die oft mittelbar aus einer Naturbetrachtung hervorgegangen sind und auch zur Abstraktion geführt wurden. Hatten diese so gewonnenen Formen zunächst in der Seele des Künstlers gelebt, so haben sie sich dann so vollkommen daraus gelöst, daß sie als entseelt empfunden werden. In Wirklichkeit wäre es oft richtiger, zu sagen, daß sie nur in der Seele des ersten Künstlers gelebt haben, der ursprünglich von der Beobachtung des Lebens ausgegangen war. Denn der islamische Künstler der folgenden Jahrhunderte kehrte niemals von sich aus zur Natur zurück; er ging von den Resultaten seiner Vorgänger aus, von einer Form also, die bereits das Ergebnis gedanklicher Tätigkeit gewesen war. So werden diese aus unregelmäßigen Kurven zusammengesetzten Motive im Laufe der Zeit immer abstrakter, aber auch immer vollendeter. Schließlich dringt in die islamische Kunst eine andere Gruppe von Motiven ein, die ihre Quelle niemals in der Natur hatten, die vielmehr aus rein gedanklicher Tätigkeit hervorgegangen waren: die geometrischen Motive. Das Zusammenwirken dieser beiden Gruppen von Formen, in einem harmonischen Ganzen, bildet die Grundlage des Ornaments. Der Gedanke wirkt schließlich auf rein abstrakte Gegebenheiten und führt im Laufe der Jahrhunderte zu rein intellektuellen Schöpfungen.

Durch einen seltsamen Widerspruch zwischen dem Ideal und der Verwirklichung hat der islamische Künstler einerseits eine Kunst geschaffen, die er vom religiösen Gesichtspunkt transzendent gestalten wollte, das heißt als eine unmittelbare Offenbarung der ursprünglichen Einheit, die diesseits der Kräfte des Lebens liegt, andererseits aber hat er nur Formen geschaffen und uns hinterlassen, denen gegenüber wir empfinden, daß die schöpferischen Kräfte sich bereits von ihnen zurückgezogen haben. So gibt er uns einen ganz besonderen Aspekt des Lebens – nicht den, den es bei seinem Beginn und bei seinem Aufblühen bietet, vielmehr den des Endes, wenn es sich dem Tode nähert. Aber zwischen diesen beiden Extremen, in denen er sich gefallen hat – dem unvorstellbaren, unausdrücklichen Urprinzip und der Endform, die er seinem Werk gegeben hat –, bleibt eine Leere bestehen, die er nicht ausfüllen wollte oder konnte: die Sphäre der aufeinanderfolgenden Entwicklungsformen, die auftreten, wenn der Geist unmittelbar in der Materie wirkt. Er hat das verkannt, was dem abendländischen Künstler als das Wesentliche erscheint: die Welt der vom Leben erfüllten Gestaltungen. Daher wird dem Betrachter nichts von dem geschenkt, was frei und unerwartet als Schönheit während dieser Metamorphosen erstrahlt; alles ist nach einem im vorhinein erdachten Konzept geplant und wendet sich daher nur an den Gedanken, nicht aber an das Gefühl. Man empfindet nicht, daß das Tun des Künstlers durch sein Herz befeuert wurde noch durch die mächtigen Willenskräfte, die die Glieder durchziehen und in der Gebärde der Hand ihren Ausdruck finden, wie dies die großen Skulpturen des Abendlandes verwirklichten oder verwirklichen sollten.

Das islamische Ornament umkleidet die Architekturform, die sie ins Endlose zu vervielfältigen strebt; durch die Vielzahl ihrer Details verhüllt sie jedoch deren Struktur, die sich nicht mehr in ihren ursprünglichen Linien und Bauelementen zu offenbaren vermag, wie dies in der romanischen Kirche zum Beispiel der Fall ist. Von der Planung dieser Kunst können wir uns etwa folgendes Bild machen: Alles ist allein aus dem Denken des Zeichners hervorgegangen. Er verkleidet die die Grundlage bildende Architektur mit einer Verzierung, die bis in die kleinste Form so präzise, bis in die Einzelheiten so vollendet ist, daß der Künstler, jeder Initiative, jeder Möglichkeit der Anpassung beraubt, sich mit der Rolle des peinlich genauen, gewissenhaften Handwerkers begnügen muß; er, der sich im Gegenteil frei bewegen sollte, um aus den Elementen seiner Kunst selbst schöpferisch werden zu können. Georges Marcais hat diese Methode gewissenahft analysiert und zeigt uns deutlich auf, wie dieser Prozeß verläuft und welches seine Grenzen sind:

«Wenn eine Fläche gegeben ist, so teilt der Künstler sie auf, indem er sie durch vertikale und horizontale Achsen aufgliedert. Um die Schnittpunkte dieser Achsen, die als Mittelpunkte verwandt werden, gestaltet er strahlende Polygone in Sternform; begrenzt also von gebrochenen Linien, deren Winkel abwechselnd nach innen und nach außen gewandt sind. Die einfachste Form ist der Achtstern, dessen nach außen geöffnete Winkel alle rechte sind. Jede Seite verlängert sich über das zentrale Polygon hinaus, um neue Flächen zu umgrenzen und ein dem ersten Polygon ähnliches zu gestalten als Zentrum eines neuen Strahlensystems.

Die Polygone sind nicht von einer einfachen, sondern von einer doppelten Linie oder besser von einer Borte umgrenzt, einem wesentlichen Element der Arabeske, die von Polygon zu Polygon fortschreitet und das Geflecht hervorbringt. Das Prinzip des Geflechts, das verlangt, daß die Borte abwechselnd über und unter den eigenen Gliedern hinweggeht, denen sie begegnet, wird übrigens für jedes lineare Ornament angewandt, ganz gleich, ob gerade oder gekrümmte Linien verwandt werden.»

Zugunsten der islamischen Kunst möchten wir jedoch erwähnen, daß die Künstler, die in den Moscheen Sätze aus dem Koran aufzeichnen, im Gegensatz zu dieser Technik – ein merkwürdiges Paradoxon – ihre Buchstaben mit viel mehr Phantasie zeichnen als ihre Ornamente. Zu der Zeit, als im Abendland, infolge der Entwicklung der Buchdruckerkunst, der persönliche Ausdruck des Schreibens auf Kosten einer vereinfachten Darstellungsweise verlorenging und man mehr und mehr zu konventionellen Zeichen überging, versucht der Islam im Gegenteil, den Buchstaben zu einer lebendigen Realität zu erheben. So näherte er sich jener Wirklichkeit kosmischer Tatsachen, die von jenen Menschen zum Ausdruck gebracht wurde, welche zum ersten Male das

Alphabet schufen. Daher kommt es, daß die Schrift, obwohl sinnerfüllt, ein Hauptausdrucksmittel des Gedankens – wie aus einer Laune –, den strengen Forderungen dieses Denkens entschlüpft. Sie verwirft die Wiederholung, die Eintönigkeit und Symmetrie des Motivs und offenbart eine wandelbare Beweglichkeit, eine Dynamik, die das Geflecht nicht besitzt.

Die Kunst des Islam negiert die Tiefe

Die dekorative Kunst des Islam lehnt die dritte Dimension ab. Sie negiert die Tiefe, gestaltet in der Halbfläche und erreicht nicht einmal das Halbrelief. Das Gleichgewicht zwischen großen beleuchteten und schattigen Flächen kennt sie nicht, welches zur gleichen Zeit die Größe einer anderen Kunstrichtung ausmacht, die ebenfalls der Religion dient: der romanischen Bildhauerkunst. Man hat manchmal die Intensität des Lichtes in diesen Ländern des Orientes verantwortlich gemacht, um die Negierung der Tiefendimension zu rechtfertigen, denn ein Vorsprung von einigen Zentimetern wird bei der Härte der Sonnenbestrahlung schon sichtbar. Aber hier auch sind wir der Meinung, daß diese Haltung von der islamischen Denkweise und nicht von äußeren Umständen bedingt ist. Bei dieser dekorativen Darstellungsweise in der Fläche kann ein Motiv, das auf einer Oberfläche richtig zum Audruck gebracht wurde, sich – wie Georges Marcais es angibt – nach rechts und nach links im Fries, aber auch nach unten und nach oben ständig wiederholen, wenn die Fläche groß genug ist. Es kann auch nach den vier Richtungen hin unendlich wiederholt werden und kennt keine andere Grenze als die der auszuschmückenden Fläche. Es kann auch mehr oder weniger vergrößert werden, denn zwischen der ausgemalten Koranseite und der verzierten Tür einer Moschee gibt es keinen anderen Unterschied als die Größendifferenz.

Im Gegensatz zum abendländischen Bildhauer, der ein Gleichgewicht zwischen ausladenden und zurückspringenden Formen erstrebt, somit den Raum zum Sprechen bringt und in diesem Raum ein in sich geschlossenes Werk verwirklicht, das ein Ganzes bildet, empfindet der islamische Künstler, der die Tiefendimension verworfen hat, ein Bedürfnis – das einem Abendländer unerklärlich ist –, die ganze Fläche auszufüllen. Er scheint einen Horror vor der Leere zu haben, die für ihn vielleicht nicht Ruhe und Stille, sondern nur Abwesenheit, das Nichts ist.

So drängt sich das Motiv – das heißt die bis ins Unendliche wieder aufgenommene gleiche Idee – überall ein, bedeckt die freie Oberfläche gänzlich, als fürchtete sie sich, auch nur einen Augenblick in ihrem Fortschreiten anzuhalten; das wäre ihr Verhängnis. So schreitet die islamische Skulptur, im Gegensatz zur abendländischen, bei der wir gern Ungewohntes entdecken, unerwartete Formen und Gestaltungen wie überraschende Motive suchen, auf sicherem Wege voran. Sie weiß, nach jeder Richtung, die sie einschlägt, wohin sie geht und wo sie enden wird. Sie schreitet auf Wegen voran, die durch den Gedanken vorgezeichnet sind. Der Beschauer weiß, was ihm begegnet, wenn er seinen Blick in diese oder jene Raumesrichtung lenkt; er erwartet keinerlei neue Entdeckungen. Sein Genuß beruht auf Sicherheit! Und diese Sicherheit vor allem haftet als besondere Eigenart dem islamischen Denken an, sie spiegelt sich in all seinen Schöpfungen; die dekorative Kunst ist nur eines seiner Ausdrucksmittel.

Während der Betrachter einer lebensvollen Kunst von der Freude der Überraschung ergriffen wird und ständig bereit sein muß, sich zu begeistern, kann der mit dieser abstrakten Kunst vertraute Betrachter – wie auch ihr Schöpfer – in sich nur die Melancholie und die Trauer tragen und entfalten, die der empfindet, der alles schon im vorhinein weiß. Diese Kunst, in der das Endziel mit dem ersten Blick erkennbar ist, in der die Bilder der Notwendigkeit und des unentrinnbaren Schicksals – die sich der freien Tat und des Ich gegenüber dem Schicksal widersetzen –

selbst in der Form des Ornamentes und des Motivs enthalten sind, ist das vollkommene Abbild der religiösen Auffassung des Islam.

Hat der Künstler zum Beispiel in seinem Ornament einen wenig stilisierten, leicht erkennbaren Baum dargestellt, so wird er ihn mit vollkommener Symmetrie im Verhältnis zur Achse ausgestalten, so daß das Gefühl der Sicherheit auch noch da entsteht, wo das Leben, das heißt wirkliche Beobachtung, über die gedankliche Konstruktion siegen könnte. Hat man jemals einen Baum – oder ein menschliches Antlitz, entgegen dem ersten Eindruck – gesehen, die vollkommen symmetrisch wären?

Ist die islamische Kunst reines Gedankenspiel, in dem sie sich gefällt? Erkennen wir an, daß die Zartheit, Feinheit und Genauigkeit, die der Künstler unentwegt übt, Augen und Gedanken des Betrachters verlocken? Bietet der Aufbau gewisser Gesellschaftsspiele, wie zum Beispiel das Damespiel, nicht ein ähnliches Bild wie jene Ornamente, die das Viereck und das Rechteck zur Grundlage haben?

Ist es nicht auch ein Gedankenspiel, wenn Leonardo da Vinci sich darin gefällt, den Verlauf von Kurven, Spiralen, Zöpfen, Geflechten und Arabesken zu verfolgen, für die er sich so begeistert, daß er sie selbst zeichnet? Was bedeuteten ihm diese Figuren? Zuerst waren es ihm Bilder des Lebens, die er, wie der erste islamische Künstler, entdeckt und gezeichnet hatte: Gewelltes Haar, Bewegungen des fließenden Wassers, die abgerundeten Formen der Pflanzen und Organe des menschlichen Körpers. Dann rückte er, genau wie die islamischen Künstler, die dem ersten nachfolgten, davon ab, um sich an der Tätigkeit seines eigenen Denkens zu erfreuen und ging vom Gegenstand zum Symbol über. Die Spirale, in der das Leben sich, von einem Zentrum ausgehend, in das All ausweitet, war ihm intim vertraut; ebenso das Labyrinth, in dem der Mensch von außen kommend in sich selbst zurückkehrt. Er verwirklicht «die zentrale Haltung, von der ausgehend die Unternehmungen des Erkennens wie die Tätigkeiten der Kunst gleichermaßen möglich sind», wie Paul Valéry es gescheit ausdrückt.

Gewiß machte es Leonardo Freude, dieses Spiel sich endlos kreuzender Bänder zu schaffen, aber er durchschaute, daß diese ewig gleiche und monotone Wiederholung an ihrem Ende, wie die islamische Kunst dies so oft getan hatte, zur Starre des Todes führte. Er lief Gefahr, schließlich in ein in sich geschlossenes System gebannt zu bleiben, in dem diese Gedankenspiele nur noch das Bild des mit sich selbst und der Welt ringenden Menschen, nicht mehr dieser Mensch selbst noch auch die Natur waren. Daher mußte er durch das Geflecht das Leben wieder hineinführen. Er gab hierfür einem Pflanzlichen den Vorzug und wählte den Baum. Sechzehn Baumstämme verflechten ihre Zweige an der Decke eines Saales, den er in Mailand ausschmückte. M. Marcel Brion wirft ein helles Licht auf die Notwendigkeit, die Vinci empfand, hier Intellekt und Natur zusammenwirken zu lassen. «. . . bis jetzt», sagt er, «ist das Geflecht nur eine abstrakte Zeichnung auf einem Blatt Papier, eine Allegorie, eine Hieroglyphe. Vinci steigert es zu höherer Bedeutung, er offenbart auf den ersten Blick die wesentliche Grundlage seines Weltsystems, indem er in dem großen Gemälde des Saales delle Asse im Castello Sforzesco das Geflecht der Bänder, wie es auf den Zeichnungen erscheint, mit dem Labyrinth der Zweige vereinigt. Dieser phantastische Hagebuchengang versetzt mit seiner außergewöhnlichen Anordnung, was von einer Erfindung des Intellektes verblieb, in den Bereich des Organischen, des Pflanzlichen, Lebendigen. Er gesellt die ganze Natur den Schöpfungen des menschlichen Geistes zu, er lädt die Zweige des Baumes ein, sich nach den strikten Gesetzen des Geflechtes zu kreuzen und zu verflechten, er bewirkt jene wunderbare Zusammenarbeit der Natur und des menschlichen Geistes.»

So beweist dieser einzigartige Genius durch seine Werke, wieviel Interesse er für die Kunstauffassung des Islam hegte. Da er aber die Notwendigkeit empfand, den bloßen Gedanken durch neue, im Schoße der Natur geschöpfte Kräfte zu befruchten, sprengt er ungestüm deren Grenzen.

Den großen Impuls, der der islamischen Kunst eine andere so verschiedene Auffassung entgegensetzen wird, daß sie nicht nebeneinander werden bestehen können, entdecken wir in der romanischen Kunst des 12. Jahrhunderts. Wir sind geneigt, ihn einen «Kreuzzug» zu nennen, einen friedlichen zwar, aber einen solchen, der eine große Kraft und einen mächtigen Eroberungswillen in sich trägt. Ein Blick auf die Gipsabdrücke im Museum «des Monuments Français» in Paris kann uns dies offenbaren. In allen religiösen Bildwerken des 7. bis 9. Jahrhunderts, das heißt der Zeit, in der sich in anderen Gebieten die islamische Kunst entwickelte, entdecken wir Motive und eine Darstellungsweise, die sich deren ornamentalem Ausdruck nähern. Mit Ausnahme der Provinzen, die dem römischen Einfluß unterlagen, zeigen die übrigen ein deutliches Überwiegen pflanzlicher Dekorationsmotive, die jedoch weniger stilisiert sind als in der islamischen Kunst. Dieses Motiv beherrscht meist die drei Bogenrundungen des Portals, Fensterpfeiler, Kapitäle und so weiter und ausnahmsweise das ganze Giebelfeld, wie an der Tür, die von der Klosterkirche von Estagel im Gard stammt (erste Hälfte des 12. Jahrhunderts, Louvre-Museum). Erwähnt sei, daß noch am Ende des 12. Jahrhunderts verschiedene Kunstwerke pflanzliche Ornamente zeigen, so die Portale von Sainte-Marie-des-Dames in Saintes, die der Kirche von Aulnay (Charente-Maritime), der Kathedrale von Angoulême und das Westportal der Kathedrale von Rouen. Dennoch setzt seit Beginn des 12. Jahrhunderts der starke Impuls zum Kreuzzug für das «Leben» ein. Aller Wahrscheinlichkeit nach hat er von der Benediktinerabtei in Cluny seinen Ausgang genommen. Er kommt in den Baudenkmälern Burgunds, dann ganz Frankreichs zum Ausdruck; zuerst in vielen von Cluny abhängenden Klöstern, dann in anderen kirchlichen Bauwerken, die in der zweiten Hälfte des 12. und 13. Jahrhunderts erbaut sind. Das Portal von Moissac (1110–1120) scheint der erste Sieg zu sein, der in einer Gegend errungen wird, in die die islamische Kunst eingedrungen war. Moissac aber war eine Priorei von Cluny.

Diese romanische Kunst, die zuerst kindliche Naivität und die unmittelbare Frische erster Schau und Verwunderung offenbart, entfaltet sich dann zu strahlender Jünglingskraft, mit all der Kraft, die diesem Lebensalter entströmt, aber auch mit jener Geisteshaltung, die auszieht, um die Welt zu erobern.

Diese jungen, beweglichen Kräfte, voll Ausdehnungsdrang, stoßen auf die unbeweglichen stagnierenden Kräfte des Islam, der einst auch, jedoch mit anderen Zielsetzungen, ausgezogen war, um die Welt zu erobern. Diese Kunst eines jungen Volkes – trotz der alten Kulturen, die sich auf seinem Boden entwickelt hatten, an die man sich kaum noch erinnert – fühlt sich in dieser Jugend bestätigt und verkündet der Welt, daß sie einen unbekannten Aspekt des Christentums offenbaren will, den sie soeben entdeckt hat . . . Und diese große Bewegung einer Neugeburt – und nicht nur einer Renaissance – stößt in den Provinzen des Südwestens und selbst in der Auvergne auf das, was von Spanien her an islamischer Kunst eingedrungen ist. Es scheint, als könnte es in dieser Epoche – selbst wenn in früheren Jahrhunderten ein Austausch der Einflüsse bestand – keine Halbheiten geben. Die verschiedenen Auffassungen sind so gegensätzlich, zwischen dieser jugendlichen Kunst, die bewegte göttliche Gestalten auf den Portalen ihrer Gebetsstätten verherrlicht, und dem reichen und üppigen anonymen Prunk der unbeweglichen Kunst einer gealterten Kultur, die von den Arabern eingeführt worden war, daß jeder Kompromiß unmöglich war. Unsere Künstler des 12. Jahrhunderts weigerten sich, eine Kunst zu akzeptieren, die sich zu sehr vom Leben entfernt hatte. Das hätte für sie bedeutet, mit einem Schlag von der Kindheit zum Alter überzugehen und so die Etappen einer normalen Entwicklung zu überspringen. Die aufsteigenden Kräfte der Jugend mußten über die des Intellekts siegen. Da sich eine aber nur auf Kosten der anderen entwickeln konnte, wie hätten sie, in welcher Epoche auch immer, in der künstlerischen Schöpferkraft vereinigt werden können? Sehen wir dies nicht noch zu Beginn des 20. Jahrhunderts, wie zu allen Zeiten als der *Fauvismus* – Ausdruck des Lebens in den Farben – sich dem *Kubismus* entgegenstellt – der Intelligenz der Formen?

Es genügt, einen Blick auf die Kunstdenkmäler des 12. Jahrhunderts zu werfen, um den Triumph dieses jungen plastischen Willens festzustellen. Über den Portalen der Kirchen füllt sich das Giebelfeld mit Gestalten; das stilisierte pflanzliche Ornament eines Gewölbebogens, dann von zweien und von dreien, wird durch Gestalten ersetzt; die Kapitäle, an denen solche pflanzlichen Ornamente gerechtfertigt erscheinen konnten, werden gänzlich umgewandelt. Die von der Zerstörung von Cluny übriggebliebenen, die von Vezelay, Autun, von Saint-Benoît-sur-Loire sind Beispiele dafür: Szenen werden dargestellt, in denen die Gestalten ein intensives Leben, einen bis dahin unbekannten *Dynamismus* bekunden. Der Mensch in seiner geistigen, moralischen und physischen Tätigkeit hat das langsame vegetative Leben verdrängt, das die Tendenz zur Stilisierung zeigte, zur Erstarrung, um endlich nur noch eine Allegorie des pflanzlichen Lebens darzustellen.

Der Bildhauer rückt von der Feinheit einer Arbeitsweise ab, die nur noch ein mageres steinernes Spitzenwerk erzeugte, und beginnt, sich in kraftvollen Raumgestaltungen auszudrücken. Er erschafft eine neue Formensprache! Es ist mit der Kunst wie mit den Menschen. Es bedarf einer Erlösung, um die Vergangenheit auszulöschen und zu einem neuen Leben zu erwachen; sie muß auch wiedergeboren werden. Christus verdankt die Kunst des Abendlandes, daß sie fortzuschreiten vermochte, indem sie ihrer religiösen Auffassung neue Lebenskräfte einzuverleiben vermochte, die weniger durch die Wahl des Motivs, als durch die Art, es zu empfinden und zu behandeln, bestimmt war.

Vielleicht wird der Leser empfinden, daß die hier ausgedrückten Ansichten gegenüber der so unendlich reichen, zarten und feinen islamischen Kunst, die auf dem von ihr eingeschlagenen Wege die Vollendung erreicht hat, zu streng sind. Der Glanz ihrer Mosaiken, ihrer gravierten und gegossenen farbigen Gläser, ihrer Buchmalereien und Einbände, ihrer kostbaren Steine und Metallarbeiten, ihrer Elfenbeinschnitzereien, ihrer Teppiche und Webereien ist einzig in der Welt. Wir geben gern zu, daß wir recht lange bei ihrem entwicklungsfeindlichen Aspekt verharrten. Ist diese so schnell und so endgültig in der Zeit fixierte Kunst, weil sie die Frucht einer unwandelbaren Weisheit war, die der Entwicklung von Jahrhunderten durch Männer entrissen wurde, welche ihrer fortlaufenden Bewegung gleichgültig gegenüberstanden, nicht der alleinige Ausdruck der reinen Verstandesseele? Es ist eine Kunst, die gewiß einen dauernden und reinen intellektuellen Genuß gewährt, die aber abgetrennt erscheint von allen anderen Kräften der Seele; der tiefe Freude, Scherz wie Lachen fremd sind – wie auch die lebendige Sprache der Formen –, weil sie es abgelehnt hat, die Fülle der schöpferischen Kräfte ins Werk zu setzen, die der Künstler in sich trägt.

Übersetzt von René Maikowski, aus: Triades, Revue trimestrielle de Culture humaine XII/3, 1965.

Fritz Meyer

Vom Wesen der islamischen Mystik

Die islamische Mystik ist bis heute das Forschungsgebiet des Philologen gewesen und wird es voraussichtlich noch längere Zeit bleiben. Die meisten Dokumente sind nur handschriftlich vorhanden, oft der Fachwissenschaft noch unbekannt, erst wenige Proben sind übersetzt, und das Arbeitspotential ist sehr gering. Wenn ich es hier trotzdem unternehme, in kurzen Zügen ein Bild vom Wesen der islamischen Mystik zu entwerfen, so tue ich es einerseits in vollem Eingeständnis meiner Unzulänglichkeit, andererseits aber, weil mir während mehrmonatiger Studien in den Handschriftenbeständen der Istanbuler Moscheebüchereien ein Einblick in das Gebiet vergönnt war, der zu vorläufigen Mitteilungen vielleicht berechtigt.

Ein islamisches Wort für das, was wir mit Mystik bezeichnen, gibt es nicht. Die Muslime benannten ihre Mystiker nach einer eigenartigen Tracht, die zuerst im 8. Jahrhundert in Kufa bezeugt ist, als *Ṣūfīs*, «Wollbekleidete», von *ṣūf*, «Wolle». Doch ist die Bezeichnung «Sufik», *Taṣawwuf*, «sich mit Wolle bekleiden», im Sinne von Mystik nur auf die islamische Mystik anwendbar. Der Zeitpunkt, für den dieser Name zum erstenmal belegt ist, deckt sich ungefähr mit den Anfängen der damit bezeichneten Sache, wenn wir auch genauere Kunde von der islamischen Mystik erst vom 9. Jahrhundert an haben, als Bagdad ihr Zentrum geworden war. Sufische Theoretiker haben im Kampf um die Anrechte ihrer religiösen Haltung die Anfänge der Mystik in die Zeit Mohammeds zurückverlegt, doch hält dem kritischen Blick nur soviel stand, daß in jenen frühen Tagen neben der politischen und völkischen Geltung des Islam tatsächlich eine tiefernste, bereits persönlich verfeinerte, asketische

Islamfrömmigkeit bestanden hat. Bemühungen europäischer Gelehrter, die Sufik als Abwehr des indogermanischen Geistes der Perser gegen den Semitismus des arabischen Islam zu deuten oder ihre Ursprünge einerseits im Neuplatonismus, andererseits in indischen Gedankensystemen zu finden, haben fehlgeschlagen. Gleichwie sie das Lernbare des Neuplatonismus überwand, ebenso ist sie sogar im Koran zu einer tieferen Sinndeutung vorgestoßen.

Die klassische Bagdader Mystik teilt sich auf in eine Vielfalt von Einzelkämpfen, in denen sowohl um das rechte Erleben wie um die richtige Deutung des Erlebten gerungen wurde. Im 10. Jahrhundert wird diese Periode mit einer Reihe von Lehrbüchern und Sammelwerken beschlossen, die Sufik verbreitet sich von Bagdad aus insbesondere nach Persien, vereinheitlicht sich aber unter dem Einfluß der Lehrbücher und Sammelwerke, in denen die Häupter der alten Sufik nebeneinander zu Worte kommen. Von dieser Zeit an, dem 11. Jahrhundert, darf nun auch von Orden gesprochen werden; denn unterdessen haben sich ganz bestimmte Methoden, «Wege», eröffnet, deren richtiges Begehen den Mystiker sozusagen unter Garantie dem Ziele näherbringen mußte. Ihre Verschiedenheit lag zumeist in Einzelheiten der Auffassung und in der personellen Verzweigung; im Wesen aber sind diese Wege gleich und lassen sich unter dem Gesamtbegriffe der Ordensmystik als diejenige Einheit begreifen, die den geschichtlichen Höhepunkt des sufischen Geisteslebens darstellt.

Das Wesen dieser Ordensmystik zu bestimmen, habe ich mir im folgenden zur Aufgabe gemacht. Dabei soll von allen volkskundlichen und soziologischen Fragen, von Lebensbildern und den geschichtlichen Auseinandersetzungen, die die Sufik durchzumachen hatte, abgesehen werden, ebenso von all dem, was an Theologie und Philosophie von den Mystikern selbst aufgewandt wurde, um autoritäre Tradition und eigenes Erlebnis zu verbinden oder abzugrenzen und um den Faden der persönlichen Kontinuität nicht fremden Mächten zu überlassen.

Die Erklärung der Eigenart des mystischen Erlebens in der Ordenssufik kann nun praktischerweise so vorgenommen werden, daß man das Ganze in zwei gesonderte Gebiete aufteilt, das Tagewerk und die Freizeit.

Betrachten wir zunächst das Tagewerk, die Arbeit! Der Beweggrund auch zur islamischen Mystik ist die Spannung, die besteht zwischen der bald bewußten äußeren, bald überbewußten inneren Forderung, das Rechte zu tun, und der Einsicht, daß dem Verwirklichen dieser Forderung die eigene Hilflosigkeit im Wege steht. Diese Aporie kann naturgemäß erst eintreten in einer Menschheit, die sich zu genügendem Selbstbewußtsein entwickelt hat, um Gott als etwas Gegenüberstehendes, Fremdes aufzufassen, das nicht mehr durch magische Führung wirkt, sondern durch Befehle, für deren Ausführung man selbst die Verantwortung trägt. Für das islambekennende Morgenland ist diese Voraussetzung geschaffen, und in dem Streben, das die mystische Liebe erweckt und erhält, in einer Art Flucht vor Gott zu Gott, sucht der Muslim den Ausweg aus seiner Bedrängnis. Während sich der Asket angesichts seiner Schwierigkeit in einen Radikalismus der Entsagung treiben läßt, beginnt der Mystiker die Vita purgativa, die Askese, als ein Propädeutikum, um einmal tatsächlich die Geborgenheit eines Homo justificatus zu genießen, dem die Rechenschaft abgenommen sein wird.

So richtet sich die Askese, mit der der Mystiker sein geistliches Leben einleitet und begleitet, nicht gegen Leib und Leben als Bestandslücke des menschlichen Daseins, sondern gegen ihre Übergriffe in ein Gebiet, das unter ihrer Macht ruiniert würde, ja durch den Verlauf der natürlichen Entwicklung bis zu einem gewissen Grade zwangsläufig ruiniert wird. Dieser Verlauf ist nämlich ein solcher, daß der menschliche Innenraum, Denken, Fühlen, Wollen, von den Ansprüchen des Leibes derart belegt ist und sich an die Versklavung gewöhnt, daß der Befreiungszug der höheren Einsicht aus ihm selbst zunächst gar keine Unterstützung erhoffen darf. Deshalb wird der Kampf zugleich geführt gegen das Gebiet, das befreit werden soll: die menschliche Seele. Die Seele muß der Gewalt der Leibeslust entwunden und in den Dienst einer Geisteslust gestellt werden, die Kräfte der inneren Trägheit müssen umgewandelt werden in Kräfte innerer Aktivität, diejenigen der Selbstsucht in solche der Selbstlosigkeit. Unter Verwendung koranischer Ausdrücke hat man das Umleiten der Seele aus dem Bette der Natur auf das Gefälle des Geistes in drei bis vier Stadien eingeteilt. Die noch der Natur gehorchende Seele heißt danach die «zum Schlechten befehlende», die letzte Stufe wird erreicht mit der sogenannten «beruhigten Seele». Auf dieser Stufe ist die leibgebundene Triebhaftigkeit zum Schweigen gebracht, und die Seele geht über in eine andere Kategorie immateriellen Daseins: Sie wird zum Herzen.

Diese Umwandlung der Seele in Herz geschieht zunächst nach gewissen allgemeinen Richtlinien, Tugenden, die die denkende Einsicht aufstellt und innerhalb deren die Seele sich bewegen soll, die sogenannten «Standplätze»: Reue, Enthaltsamkeit, Askese, Armut, Standhaftigkeit, Gottvertrauen, Ergebenheit. Obwohl der Abbau der dem Körper verdankten Lüste an mehreren Punkten (Essen, Schlafen und so weiter) zugleich einsetzt und unerbittlich durchgeführt wird, so sollte doch nicht das lebensnotwendige Maß naturhafter Seelenbetätigung mitbetroffen werden – die Sufis waren durchaus verheiratet –, sondern es wurde gesagt, die Seele dürfe nur so weit entkräftet werden, daß sie dem Geiste auf seiner Reise noch als voll leistungsfähiges Karawanentier brauchbar sei. In dem Maße, wie es dem Mystiker gelingt, das eigenwillige Gebaren seiner Seelenkräfte zu zähmen und diese in selbstlose, für seine höheren Ziele verwendbare Organe überzuführen, erringt er sich jene innere Freiheit, die ihm von jetzt an dauernde Lebensgrundlage sein wird. Nach dem Erlöschen der Feuer der Sinnentriebe, des Hundehungers und so weiter wird dann das Innere des Mystikers von einer gewissen Kälte und Erstarrung durchdrungen, die zwar als durchaus in Ordnung befunden wird, jedoch wieder überwunden werden muß. Die Wiederbelebung der Seele im rechten Sinne wird herbeigeführt durch die Wärme der inneren Beziehung des Mystikers zu Gott. Man nannte die sich in der Folge abwechslungsweise geltend machenden religiösen Gefühlszustände prägnant «Zustände»: Nähe, Ferne, Gesammeltheit, Zerstreutheit, Furcht, Hoffnung, Intimität, Pathos und so weiter. Über das Spiel dieser meist komplementären Gefühlspaare hat der Mensch keine direkte Verfügung, sondern ist der nur Erlebende, der seinen Willen dann erst wieder in den nachfolgenden Entschlüssen zur Geltung bringt.

Hand in Hand mit der Umbildung der Gefühlsverhältnisse nach dem gesuchten Mittelpunkt «Herz» hin hat nun auch eine Umwandlung des Beobachtungsvermögens, eine Umkehrung desselben von außen nach innen, vor sich zu gehen, so daß das von der Seele Erlebte einem inneren Gesichte faßbar wird. Im Hinblick auf dieses Ziel tritt von allem Anfang an die Anwendung des sogenannten «Gottgedenkens» *(dikr)* hervor. In der Klausurzelle, dem völlig verdunkelten kleinen Raum, in dem der Hauptteil der Mystikerschulung stattfindet, wird dem Novizen von seinem Meister, dem Scheich, dem er, gerade was seine nunmehr folgenden inneren Begegnungen angeht, zu restlosem Vertrauen und unbedingtem Gehorsam verpflichtet ist, die Bekenntnisformel «Es gibt keinen Gott außer Gott», meist ohne den Nachsatz «Und Mohammed ist der Gesandte Gottes», so «eingesprochen», daß der Novize das Erlebnis der Evidenz dieses Satzes hat. Durch fortgesetzte Vergegenwärtigung dieser Evidenz, durch dauerndes Einwirkenlassen aller Erlebnisschattierungen, die die Konzentration auf diese Formel hergibt, auf die Bildwiderlage der Vorstellungstätigkeit versucht dann der Novize in selbständiger Arbeit, diese bildempfängliche Substanz seines Inneren den Eindrücken der natürlichen, von außen wirkenden Dinge zu entziehen und zum Abbilden von innen an sie herantretenden Formen immaterieller Ordnung, wie der Satz anregte, geeignet zu machen. Dadurch soll sich der Schüler allmählich jene Aufnahmefähigkeit für Lichter und Klänge einer neuen, von der Außenwelt abgezogenen Welt erwerben, die den Adepten von den gewöhnlichen Menschen in Abstand setzt. In der Sprache der islamischen Mystiker nannte man diese Arbeit etwa das «Polieren des Herzensspiegels mit dem Gottgedanken». Wie sich der Mystiker durch Verneinung des Bekannten den Mitteilungen der Sinne entwöhnt, so bewegt er sich durch die Bejahung des Unbekannten in der von ihm gewählten Richtung nach innen vorwärts. Die moralische Wirkung des Gottgedenkens dürfte die eines dauernden Gebets gewesen sein.

Das erste, was der Mystiker durch die Bearbeitung mit dem Gottgedenken an inneren Wahrnehmungen hatte, war nun allerdings nicht etwa das höchste Wesen selber, sondern vorerst war bloß die Lage hergestellt, von der aus nach innen hin überhaupt beobachtet und innere Ereignisse als etwas vom Betrachtenden Verschiedenes erkannt werden konnten. Hatte man jetzt beispielsweise eine äußere Wahrnehmung oder eine (innere) Vorstellung, die in der Sphäre der Gedanken den Begriff «gemeiner Feind» verdient, so konnte man sich so weit aus der Wahrnehmung beziehungsweise dem Vorstellungsbild herausziehen, daß sich in der Vorstellung statt des Bildes der jene Bezeichnung veranlassenden Erscheinung ein Bild von deren seelischem Inhalt niederschlug, ein zwar noch der Außenwelt entnommenes, aber vom Bezug auf den erlebten Einzelfall losgelöstes, unmittelbares Symbol, in dem der Mystiker die adäquate Erscheinungsform der betreffenden seelischen Größe erblickte, in unserem Falle für den «gemeinen Feind» die Gestalt eines Hundes. Später, wenn man sich noch weiter von den Gegenständen in der Richtung auf das Subjekt des Denkens zurückgenommen hatte, konnte auch das Gottgedenken selber, die Tätigkeit der Vergegenwärtigung, Objekt der inneren Wahrnehmung werden und wurde bald im visuellen Erscheinungsbild heller Flammen, bald in der auditiven Klanggestalt von Bienensummen, Trommeln, Trompetenschall, Wasserrauschen und so weiter erlebt. Denn aus der Erfahrung heraus, daß sich bei jedem Einstieg in die Innenwelt die gleichen Schwierigkeiten im kleinen zeigten, die sich dem Anfänger im großen entgegenstellten, blieb das Gottgedenken das feste Requisit jeder Klausurübung. Auf höherer Stufe konnte die Formel auch bewußt auf den H-Laut des bloßen Atems, den Schlußbuchstaben von *Alläh* und der Abkürzung von arabisch *Huwa* «Er» beschränkt beziehungsweise zum Verstummen gebracht werden, worauf der Mystiker dann ganz passiv vom Gottgedenken, jetzt dem Denken Gottes an ihn, nicht mehr seinem Denken an Gott, wie man es auffaßte, heimgesucht wurde.

Obwohl in den erhaltenen Berichten alle inneren Erscheinungen der Sufis in denselben gleichartigen Bildern der Vorstellungswelt mitgeteilt werden, geht doch schon aus dem Umstand, daß diese Erscheinungen stets identifiziert sind, klar hervor, daß hier nicht mehr der Verstand, sondern das Herz, jedenfalls ein Organ höherer Erkenntnis als das des Nachsinnens und Schließens, zur Anwendung gelangte. Mit Sicherheit wird sich von der Wirksamkeit dieses jenseits des Verstandes liegenden Organs der «Eingebung» vor allem von da an sprechen lassen, wo der Mystiker nicht mehr nur seine selbstgedachten Gedanken oder ihre Entstehung, sondern seine bisher unbewußten Seelenzustände, also ein fremdes Urteil über sich selbst, etwas Neues, zu Gesichte bekam und verstand. Die «zum Schlechten befehlende» Seele erschien ihm hier etwa als pechschwarzer Kreis, der verschwand, dann als schwarze Regenwolke wieder erschien, die dann aufstieg, während von ihren Rändern etwas wie ein Halbmond hervorleuchtete, von dem ein Teil auch mitten in den schwarzen Wolken sichtbar war, und hierauf sich als unverdeckter Halbmond zeigte; die «tadelnde» Seele erschien ihm als eine rote Sonne, die «beruhigte» Seele als das Rund einer großen lichtverströmenden Quelle.

Mit dem Wahrnehmen solcher übersinnlichen Inhalte hatte der Mystiker in sein waches Erkennen jene Sphäre einbezogen, die dem Menschen sonst höchstens im Traume erreichbar war.

Besonders leicht erlangte der Sufi den Zugang zu dieser verborgenen Seite seiner selbst am Morgengrauen nach durchwachter Nacht, in einem Zustand »zwischen Schlafen und Wachen«. Im Wege eines wachbleibenden Einschlafens ließ man das gesteigerte Bewußtsein der in den Schlaf abziehenden Seele bis an die Grenze jenes Gebietes folgen, in dem sie während des Schlafes verweilt. Man nannte die daraus entspringenden visionären Halbträume «Vorfälle».

Während all dieser Innenwahrnehmungen befand sich der Mystiker in der sogenannten «Abwesenheit» *(ġayba)*, im sogenannten «Zustand» *(hāla)*, der Abkehr des Bewußtseins von der Außenwelt. Genauere Aufzeichnungen über das Erlebte scheinen erst vom 12. Jahrhundert an gemacht worden zu sein, als die sufische Esoterik zur Ausbildung gelangte. Einer ihrer namhaftesten Vertreter war Nadschm ad-dīn al-Kubrā, der im Jahre 1221 als alter Mann vor Chiwa in Turkestan mit einer Anzahl seiner Jünger im Kampfe gegen die Mongolen gefallen ist. Bei ihm erscheint auch schon der aus neueren okkulten Lehren bekannte «Hüter der Schwelle», und zwar der kleine wie der große, unter den Namen «Vorgesetzter», «Meister der Übersinnlichkeit» oder «Wage der Übersinnlichkeit».

Hat sich der Mystiker bisher so zum Schweigen zu bringen vermocht, daß ihm das Reich der absoluten Eigenschaften im Wachen vernehmbar ist, und soll ihm jetzt auch noch das Reich der bloßen Tat vom Tod in den Dingen der Materie auferstehen, so kann dies nur dadurch bewirkt werden, daß das bisher Erfahrene abermals zum Schweigen gebracht, überwunden und als Form eines noch verborgeneren Inhalts erkannt wird. Dadurch kann erlebte Wirklichkeit werden, was als Beziehung zwischen den Dingen und als Weisheit hinter den inneren und äußeren Erscheinungen steht. Die Seele wird zurückgelassen, und diejenige Energie, die bisher nur in seelischem Abglanz hat zum Ausdruck kommen können, die Liebe in ihrer geistigen Wirklichkeit, wird zum Ferment der Ausdehnungsbewegung, mittels de-

ren der Mystiker auf dieser Stufe an seine innere Umwelt heran-
lebt und über diese hinauszuwachsen strebt. Die Stofflichkeit des
Mystikers selbst aber ist hier nur noch Geist, welcher sich als der
Mittelpunkt erweist, in dem das Wesen des Menschen zentriert
und dieser viel mehr er selbst ist, als er es in der Umgebung der
Sinne gewesen. Die neue Umwelt des Mystikers ist die Welt der
Ursachen und Inhalte dessen, was auf der Ebene der Sinneser-
scheinungen nur wie ihre Namen vorhanden ist, doch zugleich
auch eine Welt neuer Schleier, die ihm den Inhalt der Inhalte, zu
dem seine Fahrt geht, verbergen. Lange berennt das Bestreben
des Mystikers nach weiterer Selbstverwirklichung *(himma)* diese
Scheidewände vergeblich und sucht umsonst einen Ausweg. Die
äußeren Erscheinungen, die in der kristallenen Tiefe ihres geistigen Aspekts mit diesen inneren Zeichen zusammenfallen, rufen
ihn bald zur Betrachtung auf, bald dringen sie in ihn ein, bald
dringt er in sie ein. «Bald sagen Sie: Auf zu Gott! Bald hört er
von jeder einzelnen: Komm zu mir und sieh und zähle die
Wunderdinge an mir! Und alle sind sie Wunderdinge, selbst ein
Hanfsamen am Boden oder ein Stäubchen in der Luft.» Der
Schlag gegen diese Zeichen wird dem Mystiker dann vergönnt,
wenn seine Strebekraft und sein Wirkungsvermögen den Höhepunkt erreicht haben.

Damit betritt der Mystiker die Bewußtseinsstufe des sogenannten «Geheimnisses»: Der Geist des Mystikers wirft seinen
Boden heraus, und der Geist der Welt kehrt seinen Grund hervor. Kubrā hat den Aufschwung in diese Region über den «Tier-
kreis des Daseins», wenn wir seinen Bericht so richtig lokalisie-
ren, in Form einer Spirale erlebt, durch die ihn vier Engel empor-
trugen. In der nicht weiter beschreibbaren Substantialität des
Geistes, der Idee der Ideen, der bloßen Möglichkeit aller Verein-
zelungen, erreicht der Mystiker den Punkt, von dem die Welt
und er selbst deduziert sind, den «Urstand», wo er, der Schönheit
von nichts anderem mehr ausgeliefert, nur noch er selber und
zugleich alles ist. Denn der Kern, der der Mystiker hier, jenseits

von Raum und Zeit, geblieben ist, erweist sich als ein Abgrund, der in die Unendlichkeit mündet, und der Mystiker verliert sich in derjenigen Ubiquität, aus der er ehedem in die Zeitlichkeit hineingeboren worden war. Er «vergißt die Zweiheit», und wie in einem universalen Ausatmen verströmt er in die Dimensions- und Grenzenlosigkeit seines eigenen Anfangs zurück, in der alle Gegensätze von Ruhe und Arbeit, Lieben und Geliebtwerden versöhnt sind.

Wenn also in Aussagen von Sufis die Behauptung auftaucht, sie seien auf dieser höchsten Stufe Gott selbst *(ana 'l-Haqq)* oder mit Gott eins geworden *(ittihād)* oder Gott habe in ihnen Wohnung genommen *(hulūl)*, so kann hierbei unter Gott nicht ein anderes Wesen, sondern muß die Substanz verstanden werden, aus der der erhaltene Wesensgrund des Mystikers besteht – denn ein Ich kann niemals das Bewußtsein eines Du annehmen –, und diese Substanz ist die jener unbeschreiblichen, unteilbaren, jenseits aller Formen und allen Soseins befindlichen Eins, die der Muslim in seiner Glaubenslehre bekennt. Weshalb es bei einem Sufi des 12. Jahrhunderts heißt: «Wenn ein Verwirrter sagt, ein Tropfen im Meer nenne sich Meer, so ist das gleich, wie jener Minnende [der 922 hingerichtete Mystiker Hallādsch] sagte: Ich bin Gott.» Indem hier Gott mit der Substanz des Wassers verglichen wird, gilt für ihn, was für das Wasser gilt: Es ist in jedem Tropfen gegenwärtig und doch erst in der Gesamtheit aller Wasser ganz vorhanden. Um uns durch die Paradoxien, mit denen sich die Sufis über dieses Verhältnis aussprechen und widersprechen, hindurch ein Bild vom wirklichen Sachverhalt zu machen, vergegenwärtigen wir uns am besten die Worte, mit denen Kubrā sein Hauptwerk beginnt: «Mein Freund, das Objekt des Strebens ist Gott, und das Subjekt des Strebens ist ein Licht von Ihm», und die Stelle, wo er das Ende der mystischen Reise beschreibt: Die Ipseität *(huwiyya)* Gottes bedecke den Mystiker in dem Maße, wie die Ipseität des Mystikers dahin schwinde, und schließlich bleibe allein noch die Ipseität Gottes. Sollen nämlich diese beiden Sätze etwas mehr als eine bloße Andeutung vermitteln, so gilt es, rückblickend noch einmal zu bedenken, daß die menschliche Selbstheit, von der im letzten Satz die Rede war, selber in zwei Pole zerfällt, von denen der eine durch das Ich des normalen Bewußtseins im Verstande, der andere durch das Ich des Un- oder Überbewußtseins im Jenseits repräsentiert wird, wobei der zweite als die eigentlich schöpferische Potenz das normale Bewußtsein fortwährend speist wie das Öl eine Lampe. Der Mystiker unterscheidet sich nun vom gewöhnlichen Menschen dadurch, daß ihm, wie wir gezeigt haben, das Unbewußte bewußt wird und die beiden Pole des Bewußtseins und Nichtbewußtseins im Mittelpunkt eines neuen Gesamtbewußtseins zusammenfallen. Wenn also gesagt ist, die Ipseïtät des Mystikers werde von der Ipseïtät Gottes ersetzt, so kann mit der betreffenden Gottheit nur das höchste Ich des Mystikers selbst gemeint sein, das in der vorgezeichneten Art aus dem Überbewußten heraustritt und im Bewußtsein des Mystikers Platz greift, bis dieser ganz mit derjenigen Instanz eins ist, die er zuvor als Gott angebetet hat und deren Bestimmungen er in seinem Schicksal sich hat erfüllen sehen, die eigene kosmische Person, das transzendentale Ich, dessen Willen er nunmehr selbst übernimmt und im irdischen Handeln verwirklichen wird.

So steht der Sufi vor uns als der «vollkommene Mensch», der sein ganzes Selbst in sein Bewußtsein hereingeholt hat und durch einen Tod vor dem Sterben, durch eine Zerdehnung seiner Entität durch das Purgatorium hindurch mit dem Geiste in den Himmel ragt, während seine Füße noch auf der Erde stehen. Der Sufi antizipiert die Seligkeit der Paradiesbewohner durch einen Eintritt in die Ewigkeit vor Tod und Auferstehung, seine nichtwissende Teilhabe am All ist eine wissende geworden, und die Gegensätzlichkeiten des Lebensbefundes haben sich wie in einem Kreis um ihn geordnet. Es ergibt sich daraus die Feststellung: *Die islamische Ordensmystik ist eine Initiation.*

Der geschilderte Weg zum Quellpunkt seiner selbst ist, abgesehen von den lehrhaften systematischen Beschreibungen, von mystischen Dichtern und Schriftstellern oft in poetische Vergleiche gebracht worden, besonders mit dem sagenhaften Zug Alexanders des Großen zum Wasser des Lebens. Eine beschwingte Darstellung anderer Art entwirft Madschd ad-dīn al-Bagdādī (um 1200) in seinem persischen Schriftchen «Die Reise». Bagdādī schildert zunächst den Durchgang des Mystikers durch das Gebiet der Triebe und Charaktereigenschaften der Seele, dann den Aufstieg durch die Sphären der religiösen Gefühlshaltungen (des Herzens) bis an die Grenze der Geistregion im Bilde eines Fluges durch die Sternenwelt der Sonne entgegen. Bis hierhin, sagt Bagdādī, könnten auch außerislamische Mystiker vordringen, aber weiter würden sie notwendig in die Irre gehen, da hier die geistige Realität der Negierung jeder nichtmohammedanischen Religion zur wirksamen Geltung komme. Das Enderlebnis beschreibt Bagdādī im Gleichnis von Moses' Begegnung mit Gott auf dem Sinai (Koran 7, 142): «Als sein Herr sich dem Berge enthüllte, da machte er ihn zu einer Platte, und Moses fiel ohnmächtig nieder.» In der Konfrontierung mit der Gottheit verliert nämlich der Mensch das Gewicht eigener Existenz, und der Wirklichkeitsgehalt von Koran 31, 28: «Wie eine einzige Seele», wird offenbar. Hierauf, so fährt Bagdādī wörtlich fort, «tritt die Ziehung *(kaschisch,* also die Zugwirkung der Gottheit, des höheren Ich) an die Stelle der Mühung *(kūschisch),* in dem Sinne, daß die Form der Unterwürfigkeit und der Betätigung zwar nicht dahinfällt, wohl aber der Blick des Mystikers vom Sehen der Betätigung getilgt wird. Und da die Form der Betätigung die Haut um die sicheren, wohlgeborgenen Zugwirkungen der Übersinnlichkeit darstellt, so nimmt die äußere Betätigung um so mehr zu, je lückenloser sich die Zugwirkungen Gottes folgen, und alle Augenblicke enthüllt sich eine andere Eigenschaft. Das Leben, das er zuvor mit den Eigenschaften der Menschhaftigkeit hatte, hebt sich hinweg. Dafür setzt sich fest das Leben des «Und wir werden ihn lebendig machen für ein gutes Leben» (Koran 16, 97). «Wenn das Auge sieht, *per Me* (Gott) *spectat.* Wenn das Ohr hört, *per Me audit.* Wenn seine Zunge mit Aussagen Andeutungen macht, *per Me loquitur.* Wenn in der Gottverbundenheit Hand und Fuß sich bewegen, *per Me prehendit.* Und wenn er in der sichtbaren Welt eine Verfügung trifft, *per Me cogitat. Ego Is sum, quem amo, et Is, quem amo, ego est.»* (Mit dem Lateinischen habe ich die in den persischen Text eingestreuten arabischen Zitatworte wiedergegeben.)

Die Wesensbestimmung des sufischen Tagewerks sei hiermit abgeschlossen, und es soll nun noch der andere Teil, das sufische Freizeiterleben, kurz zur Sprache kommen! Die hier unter diesem Begriffe verstandenen Erlebnisarten sind solche, die nicht zum Kursus der eigentlichen Selbstschulung gehörten, sondern auf dem Tagesplan als Ermächtigungen figurierten und in geselliger Gemeinschaft gepflegt wurden. Sie waren dem Novizen bestenfalls erlaubt, aber auch dem Adepten niemals Pflicht, es sei denn durch die Regel des solidarischen Mittuns, an die der einzelne von Fall zu Fall gehalten war. Als zentrale Erscheinung dieser Art sufischen Freizeiterlebens ist zu nennen die Ekstase *(wadschd)* und eng damit verbunden das sogenannte Musikhören *(samā)* oder der Derwischtanz.

Die hier gemeinte Ekstase ist zu unterscheiden von der schon erwähnten «Abwesenheit». An sich könnte auch die «Abwesenheit» als Ekstase bezeichnet werden und ist, gerade in der älteren und klassischen Bagdader Zeit, häufig so bezeichnet worden. Im Interesse eines unzweideutigen Wortgebrauchs, unter Berufung auf Kubrā und in Anlehnung an die gemeinsprachliche Bedeutung des Wortes *wadschd,* soll hier jedoch Ekstase nur die Exaltation bezeichnen, die durch ein übermächtiges Gefühlserlebnis hervorgerufen wird, nicht jenen Bann, in dem sich der Mystiker durch eine übernatürliche Schau befindet. Nicht daß die Ekstase jede Anschauung, die «Abwesenheit» jedes Gefühls ausschlösse, aber von einer Ekstase wird nur dann gesprochen, wenn durch das Übermaß des Erlebens die Fassungskraft des Ich die Macht verliert, das Erlebte weiter in eine deutbare Form zu bändigen, diesem also die Zügel der betroffenen Seele überlassen muß und selbst höchstens noch erinnernd und vergegenwärtigend intermittiert oder sekundiert. Wenn dann trotzdem auch Schauungen im Sinne der besprochenen «Abwesenheit» vorgekommen sind, so handelt es sich dabei um Begleiterscheinungen, die den Charakter der Ekstase nicht bestimmen, sondern in ihr nur wie ihr Gegensatz wirksam waren. Es genügt aber, wenn der Ekstatiker statt direkter Wahrnehmungen Vorstellungsbilder zum Anlaß nimmt, versunkene Gestalten neu beschwört, gehabte Erfahrungen wiederbelebt.

Naturgemäß gibt es Ekstasen der mannigfachsten Gefühlszustände: der Freude, der Trauer, der Liebe, der Furcht und so weiter, und jede einzelne äußert sich wiederum in den verschiedensten Formen. Der Mensch wird für körperliche Einwirkungen unempfindlich, da das betreffende Gefühl jeder Empfindung den Platz versperrt. Oder ein Zittern befällt ihn, er schreit laut auf oder bricht in Tränen aus oder fällt schließlich gar in Ohnmacht. Er bewegt sich, oder er verhält sich ruhig. Das Sich-ruhig-Verhalten wird als Selbstbeherrschung gedeutet und entweder auf eine besondere Zähigkeit der Verstandes- beziehungsweise bewußten Willenskräfte oder aber auf die Einwirkung vorhandener «Abwesenheit» (in unserem Sinne) zurückgeführt, durch die ein Gleichmaß der Gefühlszustände bewerkstelligt werde. Womit gesagt ist, daß es sich dabei um einen Grenzfall der eigentlichen Ekstase handelt, da das Ich seine Herrschaft noch nicht verloren hat. Daß ferner gerade diese Pseudoekstase als Ausdruck mystischer Meisterschaft angesehen wurde, zeigt, wie wenig die reine Ekstase im sufischen Arbeitsplan galt. Von einem bedeutenden Mystiker der Bagdader Frühzeit ist sie geradezu für nichtig erklärt worden.

Das Hauptmittel zur Erzeugung der Ekstase war das Musikhören *(samā')*, das Hören vertonter Poesie, das im Laufe der Zeit eine obligate Einrichtung der Sufik, nämlich die Abendunterhaltung, geworden ist. Das Musikhören war für den Sufi das «Wasser der Beruhigung» auf das «Feuer des Nachdenkens», der Schritt der «Aufweitung» nach dem Schritt der «Zuschnürung». Obwohl muslimische Theoretiker gerne bemerken, daß das Geheimnis so erlebter Erregung nicht im vorgetragenen Worte, sondern in der Musik liege und als Beweise dafür etwa die Tatsachen anführen, daß der Säugling durch Singen beruhigt werde und das schwerbeladene Kamel in der Wüste, von dem Gesang des Treibers begleitet, weiter ausgreife, so zeigen doch die zahlreichen Einzelberichte, in denen die Verse zitiert werden, die die Ekstase verursachten, daß dem Mystiker die Musik allein nicht genügte, sondern die Poesie die richtigen Vorstellungen, die Lesart, mitzugeben hatte. Kam dann die Anwandlung, so hatte man die inneren Gebärden solange zu bemeistern, bis man an dem Nerv getroffen wurde, dessen Zucken das ganze Gefühlsnetz in Bewegung riß und den Willen zwang, die Seele fahren zu lassen. Dann stand man auf, tanzte, drehte sich im Kreise und um sich selbst, hüpfte, stampfte mit dem Fuße, bewegte den Kopf, klatschte in die Hände, geleitet nicht mehr von sich selbst, sondern von einem Außersich. Man weinte, schlug sich ins Gesicht, seufzte, schrie laut. Man verlor den Turban vom Kopf, zerriß sein Kleid oder zog es aus und warf es fort. Ein Bagdader Scheich hat die Sufis beim Samāʿ mit einer Herde Schafe verglichen, in die die Wölfe einbrechen.

Es ist klar, daß mit diesen Anlässen kein Rückfall in das profane Seelenleben beabsichtigt war, sondern ein Durchbluten der Seele in Ausrichtung nach der besprochenen sakralen Zielsetzung der Arbeit. Die Gefühle durften also nicht in die Sinnlichkeit zurückweichen, sondern sollten im Gegenteil dem neuen Lebenselement zugeführt, angewöhnt und von dort her belebt werden. Deshalb mußte beim Liedvortrag die Sprache des Dichters symbolisch genommen werden, und eben diese Symbolik scheint es gewesen zu sein, durch die die Gemütsbewegungen des

Mystikers bis zur Ekstase gesteigert wurden; denn auf dieses Zusammenbringen von Vergangenheit und Zukunft, Diesseits und Jenseits, in der Ebene vordenkender Phantasie war der Mystiker geradezu eingestellt, da einerseits seine Gemütsverfassung derart verfeinert war, daß er auf die leiseste Berührung heftig reagierte, andererseits der Gegenstand seines Strebens ja aller direkten Beschreibung entrückt war und in seiner Sphäre Gleichnisse und Anspielungen den höchsten Grad von Genauigkeit lieferten, der überhaupt zu erreichen war. In Übereinstimmung damit war das Musikhören, insbesondere das mit Liebesmotiven, nur solchen erlaubt, die ihr Triebleben überwunden hatten. Aus dem gleichen Grunde war auch die Instrumentierung des Samā' von derjenigen verschieden, die bei unfrommen Belustigungen gepflegt wurde. Indem aber eine ekstatische Erschütterung mystischer Art durch eine Einsicht überverstandlichen Ernstes, nicht durch sinnliche Berauschung hervorgerufen wurde und eben deshalb jenes «übermenschliche» Ausmaß hatte, das ihr von der Überlieferung zugesprochen wird, konnte die Ekstase, als Affekt einer Geistberührung, zum Prüfstein werden für die Wirklichkeitsweite, die sich der Mystiker im Streben nach seinem geistlichen Ziel erworben hatte, und in solchem Bereich konnte dann auch die Musik als religiöses Wesen erlebt werden.

Der mystische Theologe Gazzālī um 1100 hält es allerdings nicht für unmöglich, daß auch der Samā' selbst Enthüllungen neuer Dinge anzuregen vermöge, wofern er nur jene andere Art Ekstase vorbereite, die wir eben mit «Abwesenheit» bezeichneten. Er begründet dies mit dem Hinweis darauf, daß der Samā' imstande sei, den Mystiker aufzuwecken, im Erleben und Wahrnehmen wechselnder Gefühlszustände zur Wahrnehmung des unbekannten Inneren anzulernen, das Herz zu reinigen und durch Erfrischung zu kräftigen, alles Vorbedingungen für die Schau. Damit wird die Frage nach der reinigenden Wirkung der Kunst angeschnitten, und das den Mystiker zu höheren Erkenntnisstufen vorbildende Musikhören ließe sich als ein dem Gottgedenken paralleler Meditationsweg auffassen, der das menschliche Bewußtsein dem unvermischten Geiste vom Gefühl aus entgegenführte und, obwohl von mehr künstlerischen Naturen gefunden, gerade auch für intellektuell Überschulte streckenweise immer wieder eine notwendige Abwechslung gewesen sein muß. Gazzālīs Bruder Ahmed hat das Musikhören bereits in weitem Umfange dem sufischen Erziehungssystem einverleibt, und auch 'Alā' ad-dawla as-Simnānī im 14. Jahrhundert hält das Musikhören für ein unentbehrliches Hilfsmittel in der Novizenerziehung, das schon bei Anfängern vorteilhaft angewendet werde. In einen andern Zusammenhang gehören die zu gleicher Zeit in Kleinasien als Ordensritual sich ausbildenden Samā'-Veranstaltungen der sogenannten «Tanzenden Derwische», deren Reigen als Allegorie für die Entwicklung der Welt aus der Ureinheit Gottes und die spirituelle Involution des Mystikers zur Ureinheit zurück oder auch als Allegorie für den Planetenreigen um den Urbeweger herum aufgefaßt wurde und deshalb weniger mehr dem Gebiet der Mystik als dem der Mysterien zuzurechnen sein wird.

Von Nichtsufis ist der Samā' und die Ekstase oft als das Hauptmerkmal und das wesentliche, ja eigentliche Ziel der Sufik aufgefaßt und diese von hier aus angegriffen worden, nicht immer zu Unrecht, wenn wir die von den Sufis selbst etwa gerügten Mißbräuche und Exzesse berücksichtigen, die sich in ihren Reihen breitgemacht hatten. Um in diesem Punkte jedoch keine Unklarheit bestehen zu lassen und um zugleich eine Übersicht über das Ganze unserer Darstellung zu gewinnen, stellen wir fest, daß der islamische Mystiker weit davon entfernt war, Gott im Überschwang seiner ekstatischen Gefühle spüren zu wollen. Gewiß werden Meditationen beim Musikhören dem geschulten Mystiker in bestimmten Fällen das Gottgedenken ersetzt und die Befreiung vom Leibe eingeleitet oder erleichtert haben, aber der Bewußtseinslage der Zeit entsprach es, die Schulung selbst vom Denken aus in Angriff zu nehmen. Denn die Arbeit des Mystikers bestand in der Aufgabe, die Erkenntniskräfte über den Verstand hinaus zu steigern und auf eine solche Stufe des Wachseins zu bringen, daß ihnen Licht und Ton des Jenseits wahrnehmbar wurden und das gerade Gegenteil des gewohnten zeitlichen Daseins, das Reich der vorgeburtlichen *(azal)* und nachtodlichen *(abad)* Ewigkeit, Relief und inhaltliche Fülle bekam und statt ein konstruktives Postulat zu sein, erlebte Wirklichkeit wurde. Dem Bewußtsein des Mystikers eröffnete sich dadurch diejenige Seite der Welt, die sich zur sinnlichen Außenseite wie der Inhalt zur Form oder wie der Oberbegriff zu den Unterbegriffen verhält. Im Wege der geschilderten Selbstverwandlung, die mit der Anwendung immer feinerer Siebe der Erkenntnis verglichen werden kann, bekam der Mystiker schließlich eine Substanz in die Hände, mit der er einerlei und zugleich alles war, insofern nämlich sein Bewußtsein mit dem Sein hier zusammenfiel und dieses letztere mit der transzendentalen Form des menschlichen Bewußtseins sich als eins erwies. In dieser realen Identität erlebte und erlitt sich der Mystiker als ewig. Deshalb der Satz: «Der Sufi ist unerschaffen.»

Im Aufblick zu solchen Höhen mag man die Anforderungen ermessen, die die sufische Initiation an die Kräfte des Novizen stellte; handelte es sich für diesen doch darum, sich lebendigen Leibes durch den eigenen Tod hindurchzudrängen, sein Bewußtsein durch Schlaf und Tod ins Jenseits hinüberzutragen. Wir werden uns deshalb nicht wundern, wenn wir im Betriebe der Sufik auch Mitläufer finden, bei denen der Zielgedanke des Genusses dermaßen vorherrschte, daß sie darüber den Weg vergaßen und von vornherein die Richtung einschlugen, in der sich die Ekstase bewegte. Sie mochten dazu von der Ahnung einer Heimat im eigenen Inneren angetrieben worden sein, einer Heimat, die, wie sie glaubten, nur dem Gefühl erreichbar war. Dieser Weg führte nicht hinauf in den Kosmos, sondern herab und rückwärts auf den festen Grund des physiologischen Nervensystems, auf dem die Seele aufsitzt. Durch Ausschöpfen der eigenen Innigkeit gelangten sie auf den Innengrund des Leibes, und es wäre vergebliche Mühe, bei dieser Art Sufik, die sich zur skizzierten wie der Hof zum Monde verhält, Arbeit von Freizeit unterscheiden zu wollen, da sie vor und außer aller Schulung liegt. – Eine andere Gruppe bildeten dann die, denen das Schicksal eine solche innere Struktur beschieden hatte, daß sie fast ohne ihr Zutun in übersinnliche Sphären oder auf gewisse Stufen entrückt wurden, also passiv «gezogen» wurden, wo andere selbst «schreiten» mußten. Sie galten als untauglich zur Erziehung anderer und wurden nicht zu Lehrern genommen.

Nachdem sich herausgestellt hat, daß wir es in der islamischen Ordensmystik mit einer Initiation zu tun haben, muß es weiteren Untersuchungen vorbehalten bleiben, die Frage zu beantworten, worin sich diese sufische von anderen Initiationen unterscheide. Man wird dabei mit Nutzen der Grundtatsache gedenken, daß das sufische Streben von allem Anfang an und mit solcher Ausschließlichkeit auf die Einholung des erwähnten überirdischen Ichpunktes ausgerichtet war (symbolisiert durch die Formel des Gottgedenkens), daß den Aufzeichnungen über die zu durchgehenden Gebiete nur kartographischer Wert beigemessen wurde; denn wie bei aller Mystik war es auch bei der islamischen Mystik die entsprechende Liebe, die den Sufi zum Suchen trieb und zum Finden führte. Von dort aus wird dann auch das Verhältnis der islamischen Mystik zum Neuplatonismus, zur christlichen und indischen Mystik neu verfolgt werden müssen. Solange diese Fragen im Rahmen von Wesensvergleichungen behandelt werden, ist ihre Beantwortung verhältnismäßig einfach; schwieriger wird es sein, im einzelnen Falle auch historische Abhängigkeit nachzuweisen; denn gerade Übereinstimmungen und Gleichheiten in Berichten über innere Dinge könnten darauf zurückzuführen sein, daß, wer so wie diese Mystiker an die Innenwelt herankommt, dort ebenso allgemeingültige Erfahrungen macht, wie jedes an die Luft unserer Zeitlichkeit herausgesetzte Kind, das feststellen muß, daß es da einen Himmel, Berge und Bäume gibt.

Heinz Kloss

«Kosmischer Islam»
Der Dichter Ikbal und sein Buch
der Ewigkeit

Keine Religion scheint einem neu verstandenen, dem Sonnenlicht verwandten Christentum entgegengesetzter zu sein als der
Islam, mit seiner hohen, kalten, gleichsam mondenhaften Geistigkeit. Da ist es nun von hoher Bedeutung zu erfahren, daß es
heute in der islamischen Welt Bestrebungen gibt, den Islam so
auszuweiten, daß er als eine «kosmische Religion» bezeichnet
werden könnte. Im Mittelpunkt dieser Bemühungen stand der
Dichter Sir Mohammed Ikbal (1873–1938).

Ikbal war eine der führenden Gestalten des britischen Indien.
Er studierte in London und München, lehrte eine Zeitlang an der
Universität Lahore Philosophie und englische Literatur, wurde
dann aber Rechtsanwalt und der wichtigste Sprecher des islamischen Volksteils. Als er 1930 Präsident der Jahresversammlung
der indischen Muslim-Liga war, sprach er als erster von der
(1947 verwirklichten) Möglichkeit, Indien in einen islamischen
und einen hinduistischen Teil zu zerlegen. In Pakistan betrachtet
man ihn daher als den geistigen Vater des Staates.

Größer noch als die Rolle, die er in der Politik spielte – er
leitete unter anderem 1931–1932 die Round-Table-Konferenz,
die England nach London zur Lösung der indischen Frage einbe-
rufen hatte –, waren sein Ruhm und seine Wirkung als Dichter
und Denker. Er schrieb in drei Sprachen, seine philosophisch-
religiösen Abhandlungen meist auf englisch, seine Dichtungen
teils auf urdu, teils auf persisch. Als sein denkerisches Haupt-

werk gilt «Six Lectures on the Reconstruction of Religious Thought in Islam».

Es ging dem Religionsphilosophen Ikbal darum, zu zeigen, daß der Islam, wenn man ihn richtig versteht, *die* Religion der modernen Menschen schlechthin sei. Die rechte Befolgung des Koran werde Imperialismus, Kapitalismus und Kommunismus in gleicher Weise ein Ende machen und ein Zeitalter der Demokratie, der Gleichheit und aktiven Toleranz herbeiführen. Das setzte freilich eine weitgehende Neuausdeutung der überkommenen Begriffe voraus, vor allem des Wortes «Islam» selber, das heißt der völligen Ergebung in Gottes Willen. Bisher hatte man es eher im Sinne einer fatalistischen blinden Unterwerfung aufgefaßt. Aber nach Ikbal ist der Wille Gottes schöpferisch, und die «Ergebung» des Menschen bedeutet, daß er sich in den von Gott ausgehenden dynamischen Prozeß einordnet. Als Stellvertreter Gottes auf Erden, der die «Namen» der Dinge kennt und sie damit beherrscht, steht er über den Engeln. Unterordnung unter Gott wird so gleichbedeutend mit der Verwandlung des Lebens. Oder, wie es die Orientalistin Annemarie Schimmel zusammenfaßt: «Gott schuf die Nacht; die Aufgabe des Menschen als des zweiten Schöpfers ist, die Lampe zu formen.» Der Glaubenskrieg wird bei ihm zum Kampf gegen die eigenen niederen Triebe des Menschen, nicht gegen einen äußeren Feind. Der «Vollkommene Mensch» ist nicht, wie sonst in der islamischen Mystik, der Mensch als Spiegel, der in sich das göttliche und das menschliche Wesen vereint und sein Ich ganz im göttlichen Ich hat entwerden lassen, sondern im Gegenteil derjenige, der sein Ich in höchstmöglicher Konzentration entwickelt hat und als selbständiges, mit dem göttlichen Willen in Übereinstimmung handelndes Wesen gleich Gott ein Schaffender und niemals Ruhender ist. Denn, schreibt Ikbal: «Wenn der Mensch die Macht und Bedeutung seines Ich realisiert, so kann er Raum und Zeit überschreiten, kann das Universum spalten.»

Innerhalb der islamischen Welt kennt Ikbal zwei Hauptgegner: die frömmelnden, gesetzesstrengen, orthodoxen Mollahs (Geistlichen) und die Vertreter einer weltabgewandten, ichauflösenden mystischen Schau. Ihnen stellt er die Gestalt des prophetischen, der Gemeinschaft zugewandten, geistig ruhelosen Wanderers entgegen.

Als solchen Wanderer sieht sich der Dichter in seinem 1932 veröffentlichten Hauptwerk, dem Dschawid Namē oder «Buch der Ewigkeit», von dem seit kurzem eine deutsche Übertragung vorliegt.* Der Dichter wandert hier durch die Planeten-Sphären. In ihnen trifft er die Repräsentanten der großen Menschheitskulturen: so schon in der Mondensphäre Buddha, Zarathustra, Jesus, Mohammed wie auch den Hinduweisen Vishvamitra (hier Dschihandost genannt); in der Sphäre der Venus die alten Götter, wie Baal und Marduk, aber auch Pharao und den Mahdi; in der Marssphäre eine der abendländischen Menschheit ähnliche, in Technik und Naturwissen erfahrene Bevölkerung; in der Jupitersphäre die großen Häretiker des Islam und den Fürsten der Schismatiker, Satan (Iblis); in der Saturnsphäre niedere Verräternaturen, die von der Hölle nicht aufgenommen wurden. Jenseits der Sphären findet er den Ort, wo Nietzsche weilt, und betritt dann den Paradiesesgarten, um zuletzt – er hat längst den Namen Zinderud, «lebendiger Fluß», erhalten – vor dem Angesicht der Ewigen Schönheit zu stehen.

Das mit Bilder- und Gedankenfracht reich beladene Gedicht näher zu kennzeichnen, ist hier nicht der Ort. Wesentlich ist die Einsicht, daß es versucht, den Islam als eine kosmische Macht aufzufassen, in welcher sich die Weisheit aller Sphären wie in einem Brennspiegel sammelt und in der das beste Gut aller anderen Religionen wie auch der innerislamischen Ketzerströmungen fortwirkt. Daß es eine solche großempfundene Schau

---

* Sir Muhammed Ikbal: Das Buch der Ewigkeit. Übersetzt und eingeleitet von Annemarie Schimmel, München: Max Hueber Verlag 1957, 180 S.

des Islam in unserer Zeit gibt, muß der abendländische Mensch wissen, wenn er sich mit dem Osten geistig auseinandersetzen will, denn eine Religion will nicht nach ihren geringsten, sondern nach ihren höchststehenden Vertretern gewertet werden. Und von Ikbal glauben seine Landsleute, «daß er zu der Milchstraße jener erhabenen Geister gehört, welche die Grenzen von Zeit und Raum überschreiten und deren goldene Stunden nicht durch den Schlag der Zeit, sondern nur durch den ununterbrochenen Fluß der Ewigkeit gezählt werden können».

Auch außerhalb Pakistans halten ihn manche Mohammedaner für den größten Geist, den die islamische Welt seit 1000 Jahren hervorgebracht habe. Mit Deutschland verknüpften ihn mancherlei Fäden.

Seine Dichtung «payam-i masriq» ist als Antwort auf Goethes west-östlichen Divan gedacht; und daß er am Vorabend seines Todes lange Gespräche mit dem deutschen Indienfahrer Hans Hasso von Veltheim-Ostrau führte, kann als Sinnbild seiner Schicksalsbeziehung zu Mitteleuropa gelten.

Volker Dauner

Islamische Nachbarschaft

Vor ungefähr einem Jahr wurde in der Ulmer Stephanstraße das Firmengebäude direkt neben der Kirche der Christengemeinschaft durch Abschluß eines Kaufvertrags an den Türken Kütik Inci übergeben. Da einen interessiert, was in der Nachbarschaft der Kirche vor sich geht, erkundigte ich mich genauer. Ein interessanter Weg begann, der mich zuerst in die Verwaltungsmühle führte. Während untere Instanzen nur davon wußten, daß um eine Konzession für eine Kantine und ein Import-Export-Geschäft nachgesucht worden war, gewährte eine höhere Stelle Einblick in einen Bauplan. Aus dem ging nun deutlich hervor, daß der gesamte Komplex im wesentlichen als Koranschule und islamische Moschee mit sunnitischem Gebetsraum ausgebaut werden sollte.

Im Gespräch mit einem Bürgermeister wurde deutlich, daß die Stadt froh war, die betreffende Gesellschaft aus öffentlichen Gebäuden ausquartiert zu haben. Denn es handelte sich um eine politisch-anarchistisch motivierte türkische Gruppe, die sogenannten «Grauen Wölfe», die unter dem Deckmantel des Islam «Beistandsvereine» bilden, in denen Unterricht für Selbstverteidigung gegeben wird. Diese heißen Eisen wollte die Stadt natürlich los haben.

Das Staatsministerium schließlich hatte nur die allgemeine und wohlbekannte Rechtsbelehrung bereit: «. . . des weiteren ist zu berücksichtigen, daß auch für islamische Einwohner die verfassungsrechtlich garantierte Freiheit der Religionsausübung gilt.»

Um in diesem Labyrinth nicht steckenzubleiben, beschloß ich, in die «Höhle des Wolfes» selbst zu gehen. Die Treppe in das erste Stockwerk war eng. Es roch nach Zigarettenrauch, Tee und Farbe. Ein türkischer Junge kam mir entgegen, ein älterer Mann schaute mich aus schüchternen Augen an, man fragte nach meinem Begehr. Ich interessiere mich für alles, was im Hause vor sich gehe. Man hielt mich für einen Zeitungsreporter und gab mir bereitwillig Auskunft. Nutznießer dieses Zentrums sollten dreitausend Türken werden, die im Einzugsbereich von Ulm wohnen.

Man zeigte mir die Koranschule, in der gerade unterrichtet wurde. Ich mußte meine Schuhe ausziehen und wurde vom Koranlehrer Yagmur Ekrem sehr freundlich begrüßt. Kinder mit grünen Käppchen (grün ist die Farbe des Islam) knieten vor niederen Bänken und hatten arabische Schrifthefte vor sich. Ich setzte mich auf einen zusammengerollten Teppich. Der Koranlehrer konnte kein Deutsch, so dolmetschte ein türkischer Junge. Ich wurde nach meinem Beruf gefragt. «Pfarrer in der Christengemeinschaft.» Sofort richtete sich das Gespräch auf das Zentrum: «Sie glauben an mehr als einen Gott . . ., aber Allah hat keinen Sohn.» – «Wir beten nicht Allah und auch keinen Sohn von Allah an», sagte ich. «Unser Gott ist Christus.» Ich wollte mich nicht auf eine Diskussion einlassen und fragte, warum er denn in Deutschland sei und da arbeite. «Wo und wie wir wohnen, ist uns nicht so wichtig. Wir sind da, um die Irrlehren des Christentums zu zerstören», antwortete er ruhig, während die Kinder mit großen Augen zuhörten.

Bei einem späteren Gespräch hatte ich eine Reclam-Ausgabe des Koran dabei. Als ich bemerkte, ich habe auch schon im Koran gelesen, lehnten sie dies kategorisch ab. Denn dieses Buch darf von einem «Ungläubigen» nicht berührt werden, und nur der arabisch geschriebene Koran ist der echte. Ich zog mein Exemplar heraus, und großes Staunen breitete sich aus, als die Übersetzung ergab, daß darin genau das gleiche stand. Herr Mechmetali Furuncu, einer der beiden Türken, der auch Deutsch konnte, bestellte daraufhin gleich fünf Exemplare. Auch jetzt kam das

Gespräch wieder auf die zentralen Fragen. «Was ist für Sie Religion?» fragte man. Ich antwortete im Bewußtsein der Trinität: «Eine Durchdringung des Göttlichen von Leib, Seele und Geist . . .» Man war völlig einig, daß der Mensch aus Leib, Seele und Geist besteht und daß darin Denken, Fühlen und Wollen walten. Hätte ich gesagt: «Wir glauben an Vatergott, Sohnesgott und Geistgott», wäre das Gespräch in eine Diskussion eingemündet. So aber konnte man sich einig sein.

Später kam Herr Furuncu zu mir in die Wohnung, und ich fragte ihn nach seinen Arbeitsverhältnissen. Was er da erzählte, warf allerdings ein schlechtes Licht auf unsere «christliche» Kultur. Er berichtete zum Beispiel: An seinem Arbeitsplatz sollte er einen Müllcontainer leeren. Dieser war ihm allein zu schwer, und er bat einen deutschen Arbeitskollegen, ihm zu helfen. Der machte ein großes Theater – was er sich eigentlich denke, er sei doch nicht zum Mülleimerleeren im Betrieb, das sei eine Arbeit für schmutzige Gastarbeiter . . . –, so daß der Chef aufmerksam wurde. Dieser sah ein, daß der Müllcontainer für einen allein zu schwer sei, aber er fand keinen, der dem Türken helfen wollte. Schließlich zwang er den Türken, die Arbeit doch allein zu versuchen. Dagegen wehrte sich dieser, und es kam soweit, daß schon von Kündigung gesprochen wurde. Das ist die Welt, die die Türken erleben, und nicht etwa eine Menschengemeinschaft, die von einem Christus-Impuls getragen ist, welcher so stark im Bewußtsein der Menschen lebt, daß er überströmen könnte.

Bei all diesen Begegnungen hatte ich das Gefühl: Eine äußere Ablehnung diesen andersgläubigen Menschen gegenüber wäre gewiß verkehrt. Im Innern verborgen und abgekapselt lebt zart etwas anderes, als was außen erscheint; etwas, an das angeknüpft werden kann. In den islamischen Christus-Legenden von Elsa Sophia von Kamphoevener (Arche-Verlag) findet sich eine Stelle, die dieses andere charakterisiert: «Als erster schritt über diesen Brückenabgrund Moischi (Moses) und hinter ihm die Seinen, die ihm folgten. Danach kam Mohammed, und sie folgten ihm und riefen: ‹Yah, Mohammed! Yah, Mohammed!› Schweigend aber durch sie alle hindurch glitt Ischa (Jesus), und wo er vorbeiglitt, leuchteten die Rüstungen, leuchteten die Helme, und er wandte sich zurück zu dem Fischer, der reglos stand, und sagte: ‹Kommst Du nicht mit uns, mein Bruder?› Dieser Stimme nicht zu folgen war unmöglich; so ging der Fischer.»

Anthroposophische Literatur zum Thema Islam

Erwähnungen im Werk Rudolf Steiners

GA 26	Dornach	29. 3. 1925
GA 74	Dornach	23. 5. 1920
GA 105	Stuttgart	11. 8. 1908
GA 124	Berlin	13. 3. 1911
GA 137	Kristiania (Oslo)	10. 6. 1912
GA 167	Berlin	16. 5. 1916
GA 180	Dornach	14. 1. 1918
GA 182	Zürich	16. 10. 1918
GA 184	Dornach	11. 10. 1918
GA 184	Dornach	12. 10. 1918
GA 184	Dornach	13. 10. 1918
GA 196	Dornach	20. 2. 1920
GA 204	Dornach	15. 4. 1921
GA 209	Kristiania (Oslo)	4. 12. 1921
GA 235	Dornach	9. 3. 1924
GA 235	Dornach	16. 3. 1924
GA 236	Dornach	6. 4. 1924
GA 236	Dornach	12. 4. 1924
GA 237	Dornach	1. 7. 1924
GA 237	Dornach	13. 7. 1924
GA 237	Dornach	1. 8. 1924
GA 238	Dornach	10. 9. 1924
GA 239	Prag	31. 3. 1924
GA 239	Prag	5. 4. 1924
GA 239	Breslau	12. 6. 1924
GA 240	Stuttgart	9. 4. 1924
GA 240	Bern	16. 4. 1924
GA 240	Arnheim	19. 7. 1924
GA 240	Torquay	14. 8. 1924
GA 295	Stuttgart	28. 8. 1919
GA 300/1	Stuttgart	9. 6. 1920
GA 353	Dornach	19. 3. 1924

Bock, Emil: Beiträge zur Geistesgeschichte der Menschheit, I. Reihe: Das alte Testament, Bd. I: Urgeschichte Stuttgart, Vlg. der Christengemeinschaft 1935, 166 S. Siehe Lot-Abraham-Isaak, S. 117–183; dann: 7. Aufl.: do. Urachhaus 1978, 205 S., 17.–22. Tsd. S. 138–156

Frei, Hans Heinrich, d. i. Gleich, Sigismund von: Geisteswissenschaftliche Entwicklungslinien im Hinblick auf den Impuls von Gondischapur, in Die Drei 4 (10) 708–723; (11) 749–766; (12) 881–899 (1924/25); dann: Stuttgart, Mellinger 1966, 47 S.

Frieling, Rudolf: Christentum und Islam. Der Geisteskampf um das Menschenbild. Urachhaus (1977), 127 S.

Häusler, Friedrich: Heinrich der Seefahrer, Stuttgart, Freies Geistesleben 1971, 246 S.

Heyer, Karl: Arabertum und Islam als weltgeschichtlicher Impuls, in Die Drei 2 (10/11) 741–760 (1922/23); dann: Vom Genius des Mittelalters, Kressborn, Selbstverlag 1960, 251 S., dort S. 202–228

Heyer, Karl: Beiträge zur Weltgeschichte, Bd. II, Mittelalter Breslau: Ullrich 1939, 287 S. Siehe dort insbes. Kap. 10: Vorläufer des mechanistischen Elementes im Mittelalter. Der Arabismus, S. 83–95; dann: Stuttgart, Freies Geistesleben 1985, 211 S., 3. Aufl., dort S. 67–76

Karutz, Richard: Unter Kirgisen und Turkmenen. Aus dem Leben der Steppe, Berlin, Ullstein [1911], 150 S. + 1 Karte

Maurer, Theodor: Aus der Welt des Arabismus. Kulturhistorische Skizzen und Silhouetten, in Das Goetheanum 9 (39) 308–309, (40) 315–318 (1930); dann: Historische Skizzen, Straßburg, Heitz 1934, 130 S., dort S. 73–99

Meier, Fritz: Vom Wesen der islamischen Mystik, Basel, Schwabe 1943, 52 S.

Poeppig, Fred: Wege zum heiligen Gral. In ihrer Bedeutung für das meditative Erleben des modernen Menschen, Ahrweiler, Are 1959, 221 S. Siehe dort im Kap.: Der Kampf der maurisch-mohammedanischen Strömung gegen die abendländisch-christliche Kultur, S. 193–201

Poppelbaum, Hermann: Im Kampf um ein neues Bewußtsein, Dresden, Weises Buchhandlung 1935, 192 S. Siehe dort den Aufsatz: Der arabistische Einschlag im Darwinismus, S. 117–135; dann: 2. Aufl. Freiburg/Br.: Novalis 1948, 176 S., dort S. 107–123

Roboz, Stefan: Islam. Study Notes, North Vancouver: Steiner Book Centre [1980], 33 S.

Roll, Eugen: Die Welt des Troubadours und das Reich der Minne, Stuttgart, Mellinger 1977, 93 S., 2 Abb. u. 4 Taf.

Schöffler, Heinz Herbert: Die Akademie von Gondischapur, Aristoteles auf dem
   Wege in den Orient, Stuttgart, Freies Geistesleben 1979, 157 S., 7 Abb.,
   1 Farbkarte
Schöffler, Heinz Herbert: Zur Frühzeit von Gondischapur, in Keil, Gundolf
   [Hrsg.]: Festschrift zum 70. Geburtstag von Willem F. Daems. Pattensen/
   Han.: Wellm 1982, S. 35–50, 2 Abb.
Schüpbach, Werner: Sinn und Bedeutung des Arabismus in der Entwicklung der
   Kultur, in Gegenwart 11 (1) 10–30; (2/3) 77–92; (4) 129–147 (1949/50); dann:
   Der Arabismus, seine historischen und spirituellen Hintergründe und sein
   Fortwirken in der Gegenwart, Freiburg/Br., Die Kommenden 1970, 240 S.
Schuchhardt, Wolfgang u. a.: Schicksal in wiederholten Erdenleben. Biographien
   zu den Karmavorträgen Rudolf Steiners, Bd. I, Dornach, Phil.-Anthr. Vlg.
   1982, 200 S.
Vett, Carl: Seltsame Erlebnisse in einem Derwischkloster, Straßburg, Heitz 1931,
   331 S.

Aufsätze

Bäschlin, Karl: Tunesien, in Gegenwart 36 (9/10) 323–331 (1974/75)
Becker, O. E. H.: Der Aufstand Arabiens. Die ägyptische Revolution, in Die
   Kommenden 12 (22) 3; (23) 4 (1958)
Dauner, Volker: Islamische Nachbarschaft, in Die Christengemeinschaft 53 (5)
   171–172 (1981)*
Demisch, Heinz: Moschee und Kirchengebäude. Ein Vergleich, in Die Drei 30 (6)
   320–328 (1960), 3 Abb.
Emberson, F. P.: Haroun Al-Raschid et la pensée arabe, in Bulletin anthroposo-
   phique de la Suisse romande 44 (1) 4–8 (1981)
Frieling, Rudolf: Allah hat keinen Sohn, in Die Christengemeinschaft 31 (2)
   42–46 (1959)
Fucke, Erhard: Brasilien – Gestalt und Wesen. II: Arabische Geistesart und die
   Intentionen der Templer, in Die Drei 52 (11) 798–812 (1982)
Gerbert, Hildegard: Allahs Sonne über dem Abendland, in Das Goetheanum 43
   (47) 369–372 (1964)
Gerbert, Hildegard: Die Herausforderung des Islam, in Das Goetheanum 44 (22)
   174–176 (1965)
Gerbert, Hildegard: Der Islam und der Gral, in Das Goetheanum 42 (1) 3–5
   (1963)*

Gerbert, Hildegard: Der Lichtmensch im iranischen Sufismus, in Das Goetheanum *41* (10) 74–75 (1962)

Gleich, Sigismund von: Das alte und das neue Gold Arabiens, in Die Kommenden *2* (7) 3–4 (1947/48)

Gleich, Sigismund von: Araber und Juden. Ihre Ursprünge und ihre Aufgaben, in Die Kommenden *10* (24) 3–4 (1956)*

Hillringhaus, Herbert F.: Der Islam im Aufbruch, in Die Kommenden *32* (22) 3–4 (1978)*

Hillringhaus, Herbert F.: Der Islam vor den Toren Europas, in Die Kommenden *35* (21) 3–4 (1981)

Horstmann, Erwin: Der Impuls von Gondi-Schapur (Zur Neuherausgabe der Schrift von Sigismund von Gleich), in Das Goetheanum *46* (22) 171–173 (1967)

Hummel, Jörg-Dieter: Islam und Pfingsten, in Die Christengemeinschaft *55* (7) 293 (1983)

Kloss, Heinz: Kosmischer Islam. Der Dichter Ikbal und sein Buch der Ewigkeit, in Die Christengemeinschaft *31* (5) 146–147 (1959)*

Krause-Zimmer, Hella: Die Wirkung der Hagia Sophia auf die Moscheen-Baukunst, in Blätter für Anthroposophie *14* (2) 66–71 (1962)

Krück von Poturzyn, Maria Jacoba: Die arabische Verzauberung, in Beiträge zu einer Erweiterung der Heilkunst nach geisteswissenschaftlichen Erkenntnissen *6* (9/10) 227–233 (1953)

Krück von Poturzyn, Maria Jacoba: Der Halbmond gegen den Gral, in Die Christengemeinschaft *34* (5) 144–146 (1962)

Krück von Poturzyn, Maria Josepha: Im Lande von Tausendundeiner Nacht, in Die Kommenden *7* (9) 1 (1953)

Krück von Poturzyn, Maria Josepha: Der Mohammedanismus im Vormarsch. Wir glauben nicht mehr an die Mission des Okzidents, in Die Kommenden *14* (7) 3–4 (1960)

Lenz, Johannes: Auf Sand gebaut? in Die Christengemeinschaft *53* (8) 266 (1981)

Locher, Louis: Altes und neues Geistesleben, in Das Goetheanum *19* (36) 282 (1940)

Mändl, Hans: Über den Ratgeber Harun al Raschids, in Das Goetheanum *41* (25) 197–198 (1962)*

Maikowski, René: Islam und Abendland. Die Bedeutung der Kreuzzüge für die Auseinandersetzung mit dem Arabismus, in Die Kommenden *28* (9) 22–23 (1974)

Maurer, Theodor: Zur Lichtlehre der Araber, in Das Goetheanum *10* (3) 18–20 (1931)

Maurer, Theodor: Aus der Welt des Arabismus, in Das Goetheanum *25* (46) 364–365 (1946)

Montifroy, Berthin: Der Sieg des Lebens über die Abstraktion. Die Begegnung der romanischen mit der islamischen Kunst, in Die Kommenden 20 (1) 9–12 (1966); (Art musulman, art romain) in Triades 12 (3) 3–17 (1964/65)*

Nordmeyer, Barbara: Der Missionsfeldzug des Islam, in Die Christengemeinschaft 51 (11) 355–357 (1979)

Ogilvie, Karl: Der Islam «en marche», früher und heute, in Die Christengemeinschaft 57 (10) 433–434 (1985)

Poeppig, Fred: Arabesken, in Gegenwart 12 (3) 84–89 (1950/51)

Poeppig, Fred: Aus einem Reisetagebuch, in Das Goetheanum 13 (20) 158–159 (1934)

Poeppig, Fred: Der Islam und der Christusimpuls, in Die Kommenden 39 (5) 19–21 (1985)

Poeppig, Fred: Die Welt des Islam, in Die Kommenden 13 (9) 12; (10) 12; (11) 12 (1959); dann: in Die Kommenden 39 (4) 21–25 (1985)

Rapp, Dorothea: Im Zeichen von Phönix und Taube. Impressionen einer Andalusien-Reise, in Die Drei 41 (10) 462–472 (1971)

Richter, Gottfried: Das Abendland und der Islam, in Die Christengemeinschaft 34 (2) 44–48 (1962); dann: Romanisches Burgund. Zur Geschichte des christlichen Abendlandes, Stuttgart, Urachhaus 1962, 83 S., 1 Karte u. 98 Abb. auf Taf.

Rihouët-Coroze, Simone: Le désert d'Arabie, in Triades 12 (3) 18–40 (1964/65)

Röschert, Günter: Vom Staatsideal der Mitte, in Die Drei 54 (10) 713–723 (1984)

Rohlfs-v. Wittich, Anna: Das Zeichen des Hasen. Die Wandlungen eines Symbols, in Die Drei 47 (4) 204–210 (1977)

Schüpbach, Werner: Moderne arabistische Wissenschaft und spirituelle Geisteswissenschaft, in Gegenwart 11 (6) 225–249; (8/9) 321–342; (11) 439–462 (1949/50); 12 (1/2) 26–47; (4) 118–136; (6) 210–226; (7) 251–269; (8/9) 302–319 (1950/51)

Steche, Hans: Pakistan – Indien – Bangla Desh. Sprache als politische Realität, in Die Drei 42 (3) 97–105 (1972)

Sturton, Bob: Afrikanische Analyse. Nordafrika zwischen Magie und Kolonialismus, in Die Kommenden 14 (17) 1–2 (1960)

Wilkens, Heten: Erneuter Aufbruch des Islam? Ein Gang zu den Quellen, in Die Drei 51 (10) 682–689 (1981)

Wulf, Berthold: Aristoteles und die arabisch-islamische Hochkultur im Mittelalter, in Die Kommenden 28 (4) 15–17 (1974)*

Die mit einem Stern (*) gekennzeichneten Aufsätze wurden für diesen Sammelband ausgewählt, der zu einer Reihe gehört, in der besonders wertvolle Aufsätze aus alten Jahrgängen anthroposophischer Zeitschriften wieder zugänglich gemacht werden sollten.